देवी के सात रहस्य

देवदत्त पट्टनायक

राजपाल

अनुवाद
नीलाभ

ISBN : 9789350643013
प्रथम संस्करण : 2015, द्वितीय आवृत्ति : 2016

DEVI KE SAAT RAHASYA (Mythology) by Devdutt Pattanaik
(Hindi translation of *7 Secrets of the Goddess*)

राजपाल एण्ड सन्ज़
1590, मदरसा रोड, कश्मीरी गेट-दिल्ली-110006
फोन: 011-23869812, 23865483, फैक्स: 011-23867791
website : www.rajpalpublishing.com
e-mail : sales@rajpalpublishing.com
www.facebook.com/rajpalandsons

मैं पूरी विनम्रता और आदर के साथ यह पुस्तक उन सैकड़ों कलाकारों, कारीगरों और फोटोग्राफ़रों को समर्पित करता हूँ जिन्होंने पवित्र कला को आम आदमी के लिए इतना सहज और सुलभ बना दिया

अनुवादक की ओर से

अंग्रेज़ी से हिन्दी में अनूदित इस पुस्तक को पढ़ते समय पाठकों से निवेदन है कि निम्न बातों का ध्यान रखें—

इस पुस्तक की विषय-वस्तु प्राचीन भारतीय पौराणिक गाथाओं के एक सुपरिचित विषय से सम्बन्धित है, इसकी प्रस्तुति, कहीं-कहीं इसकी व्याख्या आधुनिक एवं समकालीन सन्दर्भों में की गई है।

लेखक की व्याख्या विषय की परम्परागत समझ को न तो किसी तरह से कम करती है और न ही उससे दूर ले जाती है। इस विषय के प्रति लोगों में आदर या श्रद्धा की भावना है, लेखक की व्याख्या उसे भी अभ्यारोपण से कम नहीं करती है/न किसी भी तरीके से विषय के सम्मान और महत्त्व को दूसरों की समझ से कमतर आँकती है।

यह पुस्तक मूलतः अंग्रेज़ी में लिखी गयी थी और हिन्दी में अनूदित करने की अपनी चुनौतियाँ थीं क्योंकि मूल अंग्रेज़ी में प्रयुक्त कुछ शब्दों के सटीक और समकक्ष हिन्दी शब्द नहीं हैं। ऐसी स्थिति में एक शब्द की व्याख्या एक वाक्यांश या संक्षिप्त वर्णन से की गयी है। यह पुस्तक उन पाठकों के लिए उपयोगी है जो विषय से बहुत परिचित नहीं हैं। लेकिन जो पाठक इस पुस्तक की विषय-वस्तु से सुपरिचित हैं उनके लिए इस तरह का वर्णन अनावश्यक हो सकता है। पाठकों से निवेदन है कि पढ़ते समय इस बात को ध्यान में रखें।

लेखक की टिप्पणी

वास्तविकता और प्रतिनिधित्व

लक्ष्मी विष्णु के चरण दबाती हैं। क्या यह पुरुष का वर्चस्व है? काली शिव की छाती पर खड़ी हुई हैं। क्या यह स्त्री-सत्ता का वर्चस्व है? शिव अर्द्धनारीश्वर हैं। क्या यह यौन-समता है? फिर शक्ति कभी आधी पुरुष क्यों नहीं होतीं?

अपने शाब्दिक रूप में, हिन्दू पुरा-कथाओं की बहुत-सी कथाएँ, प्रतीक और रीति-रिवाज स्त्री-पुरुष बराबरी यानी यौन-समता के बारे में बहुत कुछ बताते हैं। प्रतीक रूप में देखे जाने पर वे मानवता और प्रकृति के बारे में और भी बहुत-सी बातों के छिपे हुए सच को उजागर करते हैं। कौन-सा पाठ सही है? कौन जाने?

अनन्त पुरा-कथाओं के भीतर छिपा है एक शाश्वत सत्य
कौन जानता है उसे पूरा-का-पूरा ?
वरुण की हैं दस हज़ार आँखें
इन्द्र की हैं सौ
लेकिन तुम्हारी और मेरी हैं केवल दो।

बड़े अक्षरों के बारे में

अंग्रेज़ी लिपि में कैपिटल अक्षरों का यानी कुछ अक्षरों को बड़े आकार में लिखने का चलन है, जो भारतीय लिपियों में नहीं देखा जाता। इसलिए हमारे लिए शक्ति और 'शक्ति', माया और 'माया', देवी और 'देवी', के बीच के अन्तर को स्पष्ट करना ज़रूरी है। यह अलग बात है कि हर बार हम सफलता से ऐसा न कर पायें।

'शक्ति' एक प्रॉपर नाउन, नामवाचक संज्ञा है, जो 'देवी' का नाम है। यह एक सामान्य संज्ञा भी है—शक्ति—जिसका मतलब है ताकत। इसी तरह माया का मतलब भ्रम होता है और 'माया' 'देवी' का एक नाम भी है। देवी शब्द जब बड़े

अक्षरों में नहीं लिखा जाता तब वह किसी भी देवी के लिए इस्तेमाल हो सकता है, लेकिन जब वह बड़े अक्षरों में 'देवी' लिखा जाता है तब वह सर्वोच्च देवी के लिए प्रयोग में आता है। अक्सर 'देवी' (नामवाचक संज्ञा) के लिए महादेवी भी इस्तेमाल होता है। शिव महादेव हैं—महा-देव—सब देवताओं से बड़े; इसी तरह 'शक्ति' महादेवी है—महा-देवी—सब देवियों से बड़ी।

बड़े अक्षरों के बिना देवी शब्द स्त्री-दिव्यता के सीमित अर्थ दे सकता है, जबकि बड़े अक्षरों में 'देवी' से असीम अर्थों की व्यंजना हो सकती है। गंगा देवी है, एक नदी की देवी, जबकि 'गौरी' गृहस्थ बनी—अनुकूलित—प्रकृति का प्रतिरूप है।

हर स्थिति में सन्दर्भ पर विचार आवश्यक है। आरम्भिक पुराणों में 'काली' देवी है, जहाँ वह दिव्य स्त्रियों के समूह का एक अंग है; आगे चल कर वह 'देवी' बन जाती है जो उद्दाम प्रकृति का प्रतिरूप हो गयी है। सरस्वती अपने आप में देखे जाने पर 'देवी' है, लेकिन जब उसकी कल्पना 'दुर्गा' के बगल में होती है, जो 'देवी' है, तब सरस्वती पुत्री, और इस तरह देवी बन जाती है।

क्रम

1. गाइया का रहस्य

पुरुष उद्विग्नता पुरानी हो गयी है

यूनानी पुरा-कथा : गाइया, धरती-माता

यूनानी पौराणिक कथाओं में गाइया धरती-माता है। उसका संगी यूरैनस—तारों-जड़ा आकाश—इस तरह कस कर उससे चिपका रहा कि बीच में कोई जगह नहीं बची थी। गाइया का पुत्र क्रोनस केवल एक ही ढंग से गाइया की कोख से बाहर आ सकता था और वह था अपने पिता को बधिया करके। रक्त की जो बूँदें गिरीं, उनसे प्रेम की देवी, ऐफ्रोदाइती और प्रतिशोध की देवियाँ—एरिनियाँ—उपजीं जो अपनी पूरी शक्ति से माता की रक्षा करती थीं। फिर क्रोनस ने खुद को राजा घोषित कर दिया और गाइया के आतंक की सीमा न रही जब क्रोनस ने अपने ही बच्चों को खा डाला, ताकि वे उस पर उस तरह हावी न हो सकें जैसे खुद क्रोनस अपने पिता पर हावी हुआ था। क्रोनस की इस पाशविकता से गाइया अपने एक पुत्र जिउस को बचा लेती है, उसे छिप कर पालती-पोसती है और अन्ततः जिउस क्रोनस पर हमला करके उसे मार डालता है। विजयी होने के बाद जिउस खुद को मनुष्यों के देवताओं का पिता घोषित करके ओलिम्पस पर्वत पर अपना आवास स्थापित करता है, जिसका शिखर आकाश तक पहुँचता है। गाइया धरती-माता बनी रहती है, समादृत, मगर परे और दूर।

पहले पूजित, लेकिन फिर एक पुरुष देवता द्वारा निर्ममता से किनारे कर दी गयी, एक आदिम स्त्री-देवी का यह विचार दुनिया भर की पौराणिक कथाओं में बराबर पाया जाने वाला कथानक या विषय-वस्तु है।

उत्तर ध्रुवीय क्षेत्र के इनुइट (एस्किमो) कबीलों में सेडना की कहानी मिलती है, जो एक सागर-पाखी (सामुद्रिक चिड़िया) से अपने विवाह से दुखी हो कर अपने पिता से विनती करती है कि वह उसे अपनी नाव में घर वापस ले जाये। लेकिन रास्ते में सागर-पाखियों का एक झुण्ड उन पर हमला कर देता है। खुद को बचाने के लिए सेडना का पिता उसे नाव के बाहर फेंक देता है। जब वह नाव में वापस चढ़ने की कोशिश करती है तो वह उसकी उँगलियाँ काट देता है। अपने घायल हाथों की सहायता से जब वह फिर नाव में चढ़ने का प्रयास करती है तो वह उसकी बाँहें भी काट देता है। लिहाजा, वह डूब जाती है और सागर के तल में जा पहुँचती है जहाँ उसके कटे हुए अंग मछलियों, सील मछलियों, ह्वेल मछलियों और दूसरे सभी समुद्री स्तन-पायियों में रूपान्तरित हो जाते हैं। जिन्हें अपने भोजन के

मिस्री पौराणिक कथाएँ : आकाश-माता, नट/नुट

लिए उसके बच्चों का शिकार करना होता है, उन्हें ओझाओं के माध्यम से उसे शान्त करना पड़ता है जो तसल्ली-भरे शब्द कह कर ऐसा करते हैं।

भारत की तान्त्रिक परम्परा आद्या नामक उस आदिम की बात करती है जिसने चिड़िया का रूप धर कर तीन अण्डे दिये जिनसे ब्रह्मा, विष्णु और शिव का जन्म हुआ। इसके बाद आद्या ने तीनों पुरुष देवताओं के साथ समागम करना चाहा। ब्रह्मा ने इनकार कर दिया, क्योंकि वे आद्या को अपनी माता के रूप में देखते थे; आद्या ने उन्हें शाप दिया कि उनके सम्मान में कभी कोई मन्दिर नहीं बनेगा। विष्णु को बहुत चालाक और चतुर पा कर आद्या अपेक्षाकृत कठोर स्वभाव वाले शिव की ओर मुड़ी, जो विष्णु की सलाह पर, आद्या के संगी बनने के लिए तैयार हो गये, बशर्ते कि वह उन्हें अपनी तीसरी आँख दे दे। आद्या ने अपनी तीसरी आँख शिव को दे दी और उन्होंने उसके बल पर ऐसी ज्वाला छोड़ी जिसने आद्या को जला कर भस्म कर दिया। आद्या की राख से तीन देवियाँ निकलीं—सरस्वती, लक्ष्मी और गौरी जो ब्रह्मा, विष्णु और शिव की पत्नियाँ बन गयीं। इस भस्म से ग्राम-देवियों का जन्म हुआ जो मनुष्यों की हर बस्ती की देवियाँ होती हैं।

मिस्री पुरा-कथाओं में यौन-भेद यानी स्त्री-पुरुष के अन्तर से पहले के एक समय की चर्चा है। उसके बाद आटुम—'महान नर-नारी'—का उल्लेख है जिससे वायु देवता शू और ओस की देवी टेफ्नट/टेफ्नुट का जन्म हुआ जिसने पृथ्वी के देवता गेब को आकाश-देवी नट/नुट से अलग कर दिया जिसने मानव सभ्यता के पहले राजा-रानी आइसिस और ओसिरिस को जन्म दिया। फिर सेथ ने ओसिरिस को मार कर खुद को सम्राट घोषित कर दिया, जब तक कि आइसिस ने होरस को पैदा करके सेथ के दावे का खण्डन नहीं किया।

दुनिया के विभिन्न भागों में प्रचलित इन कथाओं में पुरुष देवता स्त्री-रूपी पुरस्कार के लिए होड़ बदते हैं। इसे प्रकृति में देखा जा सकता है, जहाँ सभी गर्भ, सभी कोखें, अनमोल होती हैं, मगर सभी वीर्य नहीं। पक्षियों की बहुत-सी प्रजातियों में मादा उस नर को चुनती है जिसके सबसे रंग-बिरंगे पंख होते हैं, या सबसे मधुर स्वर या सबसे सुरीली चहक या घोंसला बनाने का सबसे अच्छा कौशल। पशुओं की बहुत-सी प्रजातियों में, जैसे समुद्री शेर (वॉलरस) या शेर को लें तो, प्रमुख नर (ऐल्फा मेल) सारी मादाओं को अपने अधिकार में रखते हैं; इस तरह हमेशा ऐसे

यूरोप की पत्थर-युगीन वीनस

मेसोपोटामिया का पवित्र मेष (भेड़ा)

'बचे-खुचे' नर होते हैं जिन्हें मादा नहीं मिलती। सबसे अच्छे नरों का यह चुनाव कमतर नरों में उद्विग्नता पैदा करता है और मानव प्रजाति में अमान्य कर दिये जाने के भय में रूपान्तरित हो जाता है। अमान्य कर दिये जाने के इस भय से निपटने के लिए ही विवाह के कानून और उत्तराधिकार के नियम जैसे सामाजिक उपाय और संस्थाएँ बनी हैं, अक्सर स्त्रियों की कीमत पर।

जैसे-जैसे मानव समाज ने जानवरों को पालतू बनाना, पौधों को पालना, व्यापार करना और शहर बनाना सीखा, हमें धीरे-धीरे सामाजिक नियमों में परिवर्तन, स्त्रियों की स्थिति में गिरावट और देवी-पूजा को ठुकरा कर देव-पूजा या ईश्वर-पूजा का चलन दिखायी देने लगता है।

अहेरी-संग्रहकर्ताओं—शिकार करने और भोजन इकट्ठा करने वालों—के रूप में हज़ारों वर्षों के बाद मनुष्यों ने पशुओं को पालतू बनाना और उनका सम्वर्द्धन करना सीखा। ये चरागाही समुदाय सभी गायों को मूल्यवान मानते थे, लेकिन यह जान गये थे कि उन्हें पशुओं की गिनती बढ़ाने के लिए सभी बैलों की ज़रूरत नहीं है। बहुत-से बैल बधिया किये जा सकते थे और उन्हें भार-वाही काम—गाड़ियाँ या हल खींचने—में लगाया जा सकता था।

क्या यह मानव समाज पर भी लागू हो सकता था? प्रजनन के लिए सभी पुरुषों की ज़रूरत नहीं थी। यह हिन्दू पुराणों में पायी जाने वाली 'नारी-कवच' की कथा से पुष्ट होता है, जिसके नाम का मतलब है 'वह जो स्त्री को अपनी ढाल की तरह इस्तेमाल करता है।' जब परशुराम ने सभी क्षत्रियों का वध कर दिया तो सिर्फ एक पुरुष बचा जो स्त्रियों के निवास में जा कर छिप गया था। इसी 'चतुर कायर' से भविष्य के सभी क्षत्रियों की वृद्धि हुई।

यह बात कि कबीले को आगे जीवित बचे रहने के लिए पुरुषों की नहीं, स्त्रियों की ज़रूरत थी, पत्थर-युगीन कला में साफ देखी जा सकती है जहाँ हमें मोटी और स्थूल नारी आकृतियों या नग्न जननांगों वाली, आभूषणों से लदी, स्त्रियों की मूर्तियों के प्रति एक आग्रह दिखायी देता है, जबकि पुरुषों को या तो लिंग तक

सिन्धु घाटी की मुहर जिसमें देवी पूजा देखी जा सकती है

पोस्टर कला में आत्म-बलिदान

पोस्टर कला में बलूचिस्तान की हिंगलाज माता

सीमित कर दिया गया है या फिर प्रधान वृषभ, मेष या बकरे तक।

यही कारण है कि कांस्य युग में हमें एक अकेले पुरुष के साथ-साथ स्त्रियों के समूहों की प्रतिमाओं की पूजा होती नज़र आती है।

इसी तरह के विचारों ने सिर्फ एक पुरुष—भैरव—वाले उन योगिनी मन्दिरों का चलन शुरू किया होगा जो पूरे उत्तर भारत में पाये जाते हैं और जिनमें कंजिका यानी कन्या पूजन की प्रथा है। इस प्रथा में वसन्त की नवरात्रि या 'देवी' के वसन्तोत्सव पर कन्याओं के एक समूह को पूजने का चलन है जिनके साथ सिर्फ एक लड़का होता है। कुछ नृतत्वशास्त्रियों (anthropologists) ने यह तर्क भी सामने रखा है कि कृष्ण की रास-लीला की जड़ें उन प्राचीन मातृसत्तात्मक कबीलों में हो सकती हैं जहाँ औरतें गाँव में सिर्फ एक ही पुरुष को महत्त्व देती थीं।

औरतों तक पहुँचने के लिए पुरुषों को एक-दूसरे से लड़ना पड़ता था या फिर स्त्री की इच्छा और उसके चुनाव पर निर्भर रहना होता था। यह पुरानी परम्परा 'स्वयंवर' की प्रथा का मूल हो सकती है, जिसका उद्देश्य था स्त्री के लिए सबसे अच्छे पुरुष का चुनाव करना।

ऐसी स्त्री-प्रधान संस्कृतियों में पुरुष स्त्री के आमन्त्रण को ठुकरा नहीं सकता था—'महाभारत' में जब अर्जुन उर्वशी के आमन्त्रण को ठुकरा देता है तो वह उसे शाप देती है कि वह अपना पौरुष खो कर हिजड़ा बन जाये। जो आदमी स्त्री के साथ जबरदस्ती करता था, उसे मार डाला जाता था—यूनानी पौराणिक कथाओं में जब आर्तेमिस से ऐक्टेऑन बलात्कार करना चाहता है तो वह उसे हिरन में बदल देती है, जिसे उसके अपने शिकारी कुत्ते ही टुकड़े-टुकड़े कर देते हैं। जो भी उस आदमी पर हमला करता जिसे औरत ने चुना होता, उसे दूसरे मर्द मार डालते : यूनानी पौराणिक कथाओं में सभी यूनानी सेनापति और सामन्त उस आदमी की रक्षा करने की कसम खाते हैं जिसे हेलेन चुनती है। लेकिन ऐसे मर्द तो हमेशा ही होते थे जो प्रतिद्वन्द्वियों को मार कर उनकी जगह लेने के लिए लालायित रहते थे : यूनानी पुरा-कथाओं में ऐडोनिस की कथा आती है—ऐफ्रोदाइती का युवा-प्रेमी—जिसे युद्ध का देवता और अधिक पौरुष-सम्पन्न मार्स मार देता है। ये कथाएँ पितृ-सत्ता से पहले के एक मातृ-सत्ता वाले समाज की हैं।

यह सुनिश्चित करने के लिए कि औरतों पर अधिक पौरुष-सम्पन्न मर्दों का

एफिसस की डायना

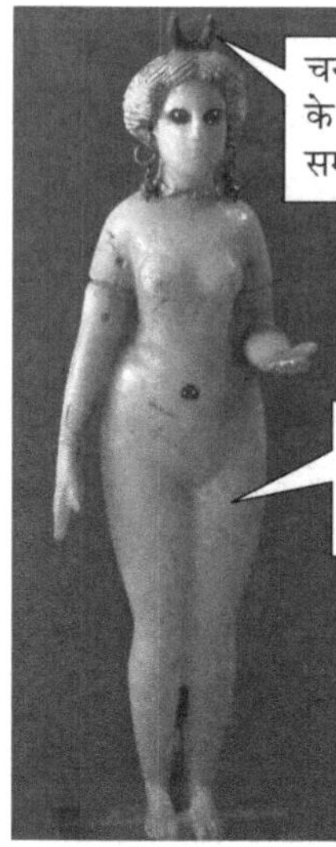

बैबिलॉन की इश्तर

यूनानी पौराणिक कथाएँ : ऐडोनिस और ऐफ्रोदाइती

एकमात्र और स्थायी अधिकार न हो, चुने हुए नरों को नियमित अवधियों पर बलि चढ़ाने का अनुष्ठान उभर कर सामने आया। चुना हुआ पुरुष स्त्री के पास बुआई के मौसम में आता था और फसल-कटाई के मौसम में उसकी बलि दे दी जाती थी। इस मामले में स्त्री का कोई दखल नहीं होता था। वह अपने प्रेमी को चुन सकती थी, पर उसका चुनाव घातक होता था। पौरुष-प्रधान नर की विजय दरअसल मृत्यु की ओर कदम बढ़ाना था। लिहाजा, हमें इन्नना की सुमेरियाई पौराणिक कथा मिलती है जो अपने प्रेमी दुमुजी के लिए शोक मनाती है जो उसके पास हर वसन्त ऋतु में आता है, मगर सर्दियों में विदा हो जाता है। ऋग्वेद में एक मन्त्र है जिसमें उर्वशी का पति पुरूरवा उसके लिए ललकता है, जबकि वह उसे छोड़ कर गन्धर्वों के लोक में चली जाती है।

राजा और 'देवी' का संगी बनने के बाद पूर्वनिश्चित अवधि के अन्त में मारे जाने से बचने का एक ही उपाय था—अपने को बधिया कर लेना। और इसीलिए निकट पूर्वी क्षेत्र में साइबेले के पुरोहित—जिन्हें गल्ली कहा जाता था—देवी के बधिया किये गये पुत्र/प्रेमी अत्तिस की नकल में खुद को बधिया करने के अनुष्ठान में हिस्सा लेते थे। कुछ नृतत्वशास्त्री ऐसे ही विचारों को भारत की उन प्रथाओं का आधार मानते हैं जिनमें बहुत-सी ग्राम-देवियों की पूजा के दौरान पुरुष-पुरोहित स्त्रियों के कपड़े पहनते हैं और मटके उठाये रखते हैं।

हम अनुमान लगा सकते हैं कि काली के गले में पुरुषों की मुण्ड-माला में कहीं उन नरों के सिर तो नहीं हैं, जिनका वध कबीले की देवी को गर्भवती कर चुकने के बाद कर दिया गया : जो पुरुष की यौन-दृष्टि के बदले में चुकायी गयी कीमत का एक संकेत है। वैष्णो देवी के मामले में 'देवी' कुँवारी है जो भैरव को इसलिए मार देती है, क्योंकि वह यौन-सम्पर्क के इरादे से 'देवी' के पास आया था, लेकिन उसका सिर काट लेने के बाद वह अपने भक्तों से कहती है कि वे भैरव की भी पूजा करें। हम सिर्फ अटकल ही लगा सकते हैं कि क्या यह पुरुष की यौन-दृष्टि के अस्वीकार या दमन की प्राचीन प्रथा की ओर संकेत है।

शायद मानवीय संस्कृति के इसी चरण में हुआ होगा कि 'देवी' कुँवारी माँ कही जाने लगी होगी, जो नाम आज एक विडम्बना लगता है, क्योंकि किसी कुँवारी कन्या का बच्चा कैसे हो सकता है? आज कुँवारी उस कन्या को कहा जायेगा जिसने

पोलिनीशियाई पुराण कथा : माउई और हाइन

कभी यौन-क्रिया में यानी सम्भोग में भाग नहीं लिया। लेकिन पहले के युग में इसका मतलब होता था—वह स्त्री जो बच्चा पैदा करने के लिए तैयार हो। इस हिसाब से हर स्त्री माहवारी के बीच डिम्बोत्सर्ग के समय कुँवारी होती थी। यह कौमार्य प्रजनन के बाद दोबारा बहाल हो जाता था, यानी उस स्त्री को फिर से कुँवारी मान लिया जाता था। 'महाभारत' में आये एक ब्योरे के पीछे शायद यही मान्यता काम कर रही थी जिसमें बताया गया है कि द्रौपदी हर बार अगले पति के पास जाने से पहले अपने कौमार्य को बहाल करने के लिए अग्नि से गुजरती है।

हम कुँवारी स्त्री को गणिका कह कर बुलाये जाते भी पाते हैं जिसका मतलब होता है वेश्या। आज यह एक बुरा शब्द है, लेकिन प्राचीन काल में जब निजी सम्पत्ति का विचार मानव सभ्यता और संस्कृति का मूल आधार नहीं बना था, इसका मतलब महज इतना था कि स्त्री जिस पुरुष के पास जाना चाहती, जा सकती थी। वह धरती की तरह थी जो सभी वनस्पतियों से उन्मुक्त भाव से बीज स्वीकार करती है; वह कोई खेत नहीं थी जहाँ किसान बीज बोने पर अपना नियन्त्रण रखता है और फिर फसल पर अधिकार जमाता है।

समय के साथ अर्थ बदलते गये और 'कुँवारी' प्रशंसासूचक शब्द बन गया और 'गणिका' अपमानसूचक। अर्थों में यह बदलाव समय के परिवर्तन की तरफ़ इशारा करता है—पुराने समय से, जब स्त्रियाँ मुक्त थीं, और उस समय में, जब स्त्रियाँ पुरुषों से बँध गयीं।

एक ओर यौन सुख और प्रजनन से और दूसरी ओर मृत्यु से स्त्रियों का निकट सम्बन्ध यम और यमी की कथाओं से स्पष्ट होता है जो 'ऋग्वेद' के पहले-पहले जीव हैं। यम की बहन यमी उससे प्रणय-निवेदन करती है। वह उसके अनुरोध को नैतिक आधार पर ठुकरा देता है और अन्तत: मर जाता है और खुद को मरे हुओं के लोक में फँसा पाता है, क्योंकि वह जीव-लोक में अपना कोई बच्चा नहीं छोड़ कर आया है। यौन-सम्बन्ध से इनकार करके वह मृत्यु का देवता बन जाता है। यमी उसके शोक में रात की देवी यामिनी के साथ-साथ शोकाकुल साँवली नदी यमुना बन जाती है।

बाइबल की पुरा-कथा : सैमसन और डिलाइला

इसी तरह पोलिनीशियाई पौराणिक कथाओं में माउई मनुष्यों के लिए अमरता प्राप्त करने के लिए मृत्यु और पाताल-लोक की देवी हाइन की योनि में—उसके शरीर से होते हुए मुँह के रास्ते निकलने के इरादे से—प्रवेश करता है। लेकिन जैसे ही वह प्रवेश करता है वह जाग जाती है और यह पता लगते ही कि माउई क्या करने की कोशिश कर रहा है, वह उसे उन दाँतों से काट देती है जो उसकी योनि में जड़े हुए हैं। यूनानी पौराणिक कथाओं में भी मनुष्य उन देवियों के हाथों में है जिन्हें 'कृपा' या 'नियति' कहा गया है जो उस धागे को कातती हैं जिससे हर मनुष्य के जीवन की लम्बाई के साथ-साथ यह भी तय होता है कि वह कैसा गुजरेगा।

यौन-क्रिया से मृत्यु का, यौन-क्रिया का आनन्द से और आनन्द का स्त्रियों से जो सम्बन्ध स्थापित हुआ, उसके नतीजे के तौर पर आदमियों ने औरतों को अनैतिकता, दुख और दुर्बलता से जोड़ कर देखना शुरू किया। ब्रह्मचर्य द्वारा स्त्रियों को नकारने से शारीरिक शक्ति हासिल होने की धारणा ने जन्म लिया। 'बाइबल' में सैमसन अपने बाल और शक्ति खो देता है जब वह डिलाइला के आकर्षण के आगे घुटने टेक देता है; फिर जब वह डिलाइला को ठुकरा कर ईश्वर की ओर मुड़ता है तो उसे अपनी शक्ति फिर वापस मिल जाती है। स्त्रियों का अस्वीकार दुखों से मुक्ति प्रदान करता था। बौद्ध धर्म में कामना के देवता—मार—की बेटियाँ क्षय, रोग और मृत्यु से सम्बद्ध हैं; उन्हें ठुकरा कर शाक्य वंश के गौतम सिद्धार्थ दुखों से मुक्ति प्राप्त करते हैं और बुद्ध के रूप में प्रसिद्ध होते हैं, यानी जिसे बोध प्राप्त हो गया है। स्त्रियों को अस्वीकार करने पर मृत्यु से भी छुटकारा मिल जाता था। तन्त्र में इसकी चर्चा है कि किस तरह स्त्रियों की योनि में वीर्य का स्खलन पुत्र की सृष्टि करता है, लेकिन पिता को दुर्बल कर देता है; लेकिन जो ऊर्ध्व-रेतस बन पाता है—वीर्य को ऊपर की तरफ रीढ़ से होते हुए सिर तक ले जाता है—वह सिद्धि प्राप्त कर सकता है—प्रकृति को नियन्त्रित करने, यहाँ तक कि मृत्यु को भी परास्त करने की शक्ति। इन्हीं विचारों ने आश्रमों और मठों की व्यवस्था को और साधकों और रहस्यवादियों के सम्प्रदायों को जन्म दिया जिनका लक्ष्य प्रकृति को नियन्त्रित करना या उससे मुक्त होना, छुटकारा पाना था।

ब्रह्मचारी साधकों को विवाह के लिए, या और कुछ नहीं तो बच्चे पैदा करने को राजी करने के लिए ही चीन और भारत में पुरखों के विचार ने जन्म लिया—

द्रौपदी के विवाह के समय धनुर्परीक्षा का कलमकारी छापा

कृष्ण द्वारा रुक्मिणी-हरण का पोस्टर रुक्मिणी का भाई

जिनके ऋण को चुकाने के लिए, जिनके प्रति कर्तव्य को पूरा करने के लिए आदमी को संसार-त्याग से पहले बच्चे पैदा करने होते हैं। पुराणों में ये 'पितर' जो मरे हुओं के लोक में चमगादड़ों की तरह उलटे लटके रहते हैं, कर्दम और अगस्त्य जैसे ऋषियों को उकसाते हैं कि वे पत्नियों की खोज करें और बच्चे पैदा करें।

मगर पत्नी प्राप्त करना आसान नहीं था। पुराणों में गन्धर्व-विवाह की चर्चा हुई है, जहाँ स्त्रियाँ अपने प्रेमी चुनती थीं। इसके साथ ही असुर-विवाह की भी, जहाँ स्त्रियाँ खरीदी जाती थीं और राक्षस-विवाह की भी, जहाँ स्त्रियों का अपहरण किया जाता था और पिशाच-विवाह का भी, जिसमें स्त्रियों को सोते में गर्भवती बनाया जाता था।

ये कहानियाँ व्यापारिक समुदायों के उदय का संकेत देती हैं जहाँ औरतें खरीद-बेच की लोकप्रिय वस्तुएँ बन गयीं जिनकी माँग ज़्यादा थी और आपूर्ति कम, जिससे वे पुरुष जिनमें स्त्रियों को आकर्षित करने की क्षमता या खरीदने के लिए धन नहीं होता था, पत्नियाँ प्राप्त करने के लिए अपहरण, यहाँ तक कि बलात्कार, का सहारा लेते थे। 'भागवत पुराण' में नग्नजित की बेटी सत्या (सत्यभामा) से शादी करने के लिए कृष्ण को जंगली बैलों को वश में करना पड़ता है। 'महाभारत' में भीष्म अपने भाई विचित्रवीर्य के लिए पत्नियाँ लाने के उद्देश्य से अम्बा, अम्बिका और अम्बालिका का अपहरण करते हैं। स्त्रियाँ समृद्धि और शक्ति का प्रतीक थीं, अगली पीढ़ी के जन्म का माध्यम थीं।

जहाँ पशुचारण काल में समाज ने नस्ल बढ़ाने वाले साँड को अधिक महत्त्व दे कर बाकियों को बधिया करने की प्रथा अपनायी, जहाँ व्यापारिक समुदाय ने स्त्रियों को ऐसी वस्तु माना, जो मूल्यवान थी, जिसकी बहुत माँग थी, वहीं कृषक समाज ने स्वामित्व के विचार को जन्म दिया।

शुरू-शुरू में स्त्रियाँ और पुरुष, दोनों, अपनी-अपनी देहों के स्वामी होते थे और इसलिए उनका उन्मुक्त व्यापार करते थे। निकट पूर्व यानी अरब और बैबिलोनिया (मेसोपोटामिया) में हमें पवित्र गणिकाओं के बारे में पता चलता है, जो एस्टार्टे

यूनानी पुरा-कथा : सैबीनों का बलात्कार

(इश्तर) और माइटिला जैसी प्रणय-देवियों को समर्पित होती थीं। ये गणिकाएँ अधिकतर स्त्रियाँ होती थीं, लेकिन इनमें कुछ पुरुष भी होते थे जिन्हें स्त्रैण कह कर वर्णित किया जाता था या जिन्हें बधिया भी कर दिया जाता था और 'कैटेमाइट' यानी 'लौण्डा' कहा जाता था; ये गणिकाएँ और स्त्रैण पुरुष आदमियों के आनन्द के लिए, उनकी यौन-कामना सन्तुष्ट करने के लिए होते थे।

पवित्र वेश्यावृत्ति के लिए एक कारण यह बताया जाता है कि पुरुषों ने सारी आर्थिक गतिविधि अपने हाथों में ले ली थी—पशु-पालन से ले कर खेती और वणिज-व्यापार तक। स्त्रियों के पास इसके सिवा और कोई चारा नहीं बचा था कि वे आनन्द के लिए अपनी देहों का और प्रजनन के लिए अपने गर्भ का व्यापार करें। वेश्या या गणिका इसीलिए निन्दा का शब्द बना, क्योंकि सबसे सुन्दर स्त्रियाँ सिर्फ अमीर लोगों ही की बिसात में थीं। धीरे-धीरे यह शब्द उन सभी औरतों के लिए इस्तेमाल होने लगा जो कीमत ले कर स्वतन्त्रता से अपने प्रेमी चुनती या ठुकराती थीं। अन्ततः जैसे-जैसे औरतों को अपनी देहों पर अधिकार से वंचित किया गया, यह शब्द शोषण से जुड़ गया। भूमि की तरह स्त्री की देह पर उसके पिता, भाई, पति यहाँ तक उसके पुत्र का भी अधिकार हो गया। उसे सिर्फ खेत बना दिया गया; पुरुष किसान, स्वामी, ग्राहक—और दुरुपयोग करने वाला भी—था। उसके बच्चे पर अब उसका नहीं किसी पुरुष का हक था; चाहे मातृसत्तात्मक समुदायों में उसके भाई का हो या पितृसत्तात्मक समुदायों में उसके पति का।

जैसे-जैसे पिताओं ने बेटियों पर स्वामित्व का दावा किया और यह तय करना शुरू किया कि उनका विवाह किसके साथ होगा, संस्कृत में जो प्रथा 'स्वयंवर' के नाम से जानी जाती है, और जहाँ औरतें खुद अपना पति चुनती थीं, उसका अन्त हो गया। हम पाते हैं कि 'भागवत पुराण' में रुक्मिणी अपने पिता और भाई द्वारा चुने गये आदमी—शिशुपाल—से विवाह करने की बजाय कृष्ण के साथ भाग जाना पसन्द करती है। इसी तरह, 'महाभारत' में सुभद्रा अपने भाई बलराम द्वारा चुने गये व्यक्ति से विवाह करने की बजाय अर्जुन के साथ भागने का फैसला करती है, जिस आदमी को वह पसन्द करती है।

पुराणों में प्रजापति-विवाह की भी चर्चा हुई है, जहाँ पुरुष गुणों के आधार पर कन्या के पिता के पास विवाह का प्रस्ताव ले कर जाता है। ब्रह्म-विवाह वह है, जहाँ

केरल की हिंसक और स्वाधीन भगवती

मन्दिर के इष्ट देवता को समर्पित देवदासियाँ

लड़की का पिता किसी योग्य व्यक्ति के सामने दहेज के आश्वासन के साथ यह प्रस्ताव रखता है कि वह उससे विवाह कर ले। देव-विवाह में वह पुरुष द्वारा की गयी सेवा का मूल्य होती है। ऋषि-विवाह में किसी ऋषि को दान स्वरूप, एक गाय (भोजन और ईंधन का स्रोत) और एक बैल (भारवाहक पशु) के साथ, कन्या दी जाती है, ताकि वह ऋषि गृहस्थ बन सके। 'महाभारत' में ययाति अपनी बेटी ममता एक ब्राह्मण को सौंपते हैं जो उसे आगे चार राजाओं को दे देता है, क्योंकि भविष्यवाणी हुई थी कि वह चार सम्राटों को जन्म देगी। बदले में हर राजा उस ब्राह्मण को घोड़े देता है। इस तरह वह ब्राह्मण ययाति की मदद से अपनी गुरु-दक्षिणा चुका पाता है। कोई ममता से नहीं पूछता कि वह क्या चाहती है, लेकिन वह अपने पिता को क्षमा कर देती है और वन में चली जाती है।

नेपाल में अभी हाल-हाल तक स्त्रियों को मन्दिरों में 'दिउकी' के रूप में समर्पित कर दिया जाता था। उन्हें जीवन-यापन के लिए वेश्यावृत्ति की शरण लेनी पड़ती थी। बहुत-से लोगों का विश्वास था कि 'दिउकियों' के साथ सम्भोग उन्हें अनेक बीमारियों से मुक्त कर देगा। दिउकियों के बच्चों की न जाति होती है न उत्तराधिकार क्योंकि सब कुछ पिता से प्राप्त होता है (और उनका कोई ज्ञात या मान्य पिता नहीं होता।) ऐसी ही प्रथाएँ भारत के अन्य भागों में भी देखी गयी हैं जैसे उड़ीसा में 'महरी' और गोआ में 'कलावन्त' या 'देवली'। ये स्त्रियाँ कला और मनोरंजन से भी जुड़ी होती थीं, क्योंकि वे सम्भावित ग्राहकों को आकर्षित करने के लिए गीत-संगीत और नृत्य से काम लेती थीं और यह हमेशा यौन-सम्बन्ध ही नहीं होता था। संस्कृत का शब्द 'देवदासी' उन्नीसवीं सदी में ही प्रचलन में आया, जब सुधार आन्दोलनों ने इन 'पवित्र वेश्याओं' को गैर-कानूनी घोषित करने के लिए मुहिम चलायी।

पुरुष चाहते थे कि वे स्त्रियों के 'मालिक' हों, जैसे वे खेतों के मालिक होते थे, ताकि यह सुनिश्चित हो सके कि जो बच्चा वह पैदा करे, वह उनका अपना हो, किसी और का नहीं। 'महाभारत' में कुन्ती कहती है कि एक समय था जब स्त्रियाँ जिस पुरुष के साथ जाना चाहतीं, जाने के लिए स्वतन्त्र थीं। धीरे-धीरे उनकी गतिविधियों पर पाबन्दियाँ लग गयीं, जब श्वेतकेतु ने अपनी माँ को किसी और आदमी की बाँहों में पाया और उसे यह एहसास हुआ कि वह अपने पिता का पुत्र नहीं भी हो सकता।

यूनानी पुरा-कथा : लीडा और हंस

श्वेतकेतु ने विवाह के नियम बनाये और उन पुरुषों की संख्या को सीमित कर दिया, जिनके साथ कोई स्त्री जा सकती थी और वह भी अपने पति की अनुमति से। 'महाभारत' में उन पुरुषों की संख्या चार तक सीमित कर दी गयी है, जिनके साथ कोई स्त्री सम्बन्ध बना सकती है, इसीलिए द्रौपदी को—जिसके पाँच पति थे—जुए के खेल के समय सभा में उस समय के पुरुषों ने वेश्या कहा। यह महत्त्वपूर्ण है कि वैदिक विवाहों में स्त्री को पहले चन्द्रमा, फिर गन्धर्व विश्वावसु को, फिर अग्नि को और अन्त में अपने पति को दिया जाता है और इस तरह एक से अधिक पति रखने के उसके अधिकारों से उसे वंचित कर दिया जाता है।

'महाभारत' में जब विचित्रवीर्य की मृत्यु होती है तो उसकी विधवाएँ पुत्रों को जन्म देने के लिए व्यास के पास जाती हैं। हालाँकि जैविक रूप से पुत्र व्यास के हैं, पर कानूनी तौर पर वे विचित्रवीर्य के ही माने जाते हैं। इस तरह, फसल खेत के स्वामी की होती है, उस भूमिहीन किसान की नहीं, जिसने खेत में हल चलाया और बीज बोये। इसी तरह, कुन्ती के तीनों और माद्री के दोनों पुत्र—पाण्डव—यानी पाण्डु के पुत्र कहलाते हैं, हालाँकि पाण्डु ने कभी अपनी पत्नियों को गर्भवती नहीं बनाया था।

उन पुरुषों की संख्या सीमित कर देने पर, जिनके साथ कोई स्त्री यौन-सम्बन्ध स्थापित कर सकती थी, यह सुनिश्चित कर दिया गया कि कबीले के 'शेष' पुरुषों को भी पत्नियाँ मिल सकती थीं। लेकिन पति को पत्नी से हमेशा धोखे का, या 'कमतर' पुरुषों के सिर अधिक पौरुष-सम्पन्न मर्दों द्वारा पैदा किये गये बच्चों के पालन-पोषण का भार पड़ जाने का खतरा रहता था। यूनानी पौराणिक कथाओं में ओलिम्पस के देवताओं का राजा जिउस अक्सर छिप कर दूसरे राजाओं की पत्नियों और बेटियों को फुसलाता रहता है। वह लीडा से सम्बन्ध कायम करने के लिए हंस का रूप लेता है। डैने को बहकाने के लिए सूरज की किरण का रूप धरता है और ऐल्कमीनी के साथ उसके पति ऐम्फिट्रियौन का रूप धर कर प्रणय-लीला करता है। हिन्दू पुरा-कथाओं में इन्द्र अहल्या के पति गौतम का रूप बना कर उसके साथ सम्भोग करता है। 'रामायण' में, रावण की यौन-क्षमता का लगातार बखान होता रहता है, जिससे अयोध्या में आम काना-फूसियाँ होने लगती हैं कि क्या राक्षस के महल में बन्दी बनाये जाने के बाद सीता का चरित्र सचमुच पवित्र रह गया होगा।

राजस्थान में सती की समाधि

यही नहीं, स्त्री की 'अति' यौन-पिपासा को ले कर भी बड़ा भय बना रहता था। 'महाभारत' में भंगाश्वन की कथा आती है जिसे इन्द्र ने आधा जीवन पुरुष की तरह और आधा जीवन स्त्री की तरह जीने का शाप दिया था। जब उससे पूछा गया कि उसे क्या पसन्द है, उसने कहा स्त्री का जीवन, क्योंकि 'माँ' की ध्वनि सुनने में ज़्यादा मीठी थी और इसलिए भी कि सम्भोग के दौरान स्त्री को अधिक आनन्द मिलता है। ऐसी ही एक कथा यूनानी पौराणिक कथाओं में पायी जाती है जहाँ टायरिसिअस नामक मुनि पुरुष और स्त्री, दोनों रूपों में जीवन जी चुका होता है और जब जिउस उससे पूछता है कि सम्भोग के दौरान किसे अधिक आनन्द मिलता है, वह उत्तर देता है स्त्री को, जिससे नाराज़ हो कर जिउस की पत्नी हेरा उसे अन्धा बना देती है।

पुरुषों के अन्दर यह डर कि वे कभी अपनी पत्नियों को पूरी तरह सन्तुष्ट नहीं कर पायेंगे और इसलिए उनकी पत्नियाँ किसी-न-किसी बहाने से दूसरे अधिक योग्य प्रेमी को खोज लेंगी, यौन-पवित्रता के सम्बन्ध में कड़े नियम बनाने और लागू करने की ओर ले गया। यों 'सती' की हिन्दू अवधारणा का जन्म हुआ। पत्नी की सच्चरित्रता उसे अलौकिक शक्तियाँ—'सत'—प्रदान करती थीं और उसे 'सती' बनाती थीं। मिसाल के लिए, जमदग्नि ऋषि की पत्नी रेणुका अपने पति के प्रति इतनी सच्ची थी कि वह नदी किनारे की मिट्टी से बने कच्चे घड़े में पानी ले आया करती थी। सीता अग्नि-परीक्षा द्वारा अपने 'सत' की शक्ति का सबूत देती है।

कहा जाता था कि सती की सच्चरित्रता वैधव्य से उसकी रक्षा करती थी। पुराणों में शीलवती नामक स्त्री की कथा आती है जो अपने कोढ़ी पति को कन्धे पर बैठा कर ले जाया करती है, क्योंकि वह चल नहीं सकता। वह उसकी सभी इच्छाएँ पूरी करती है। वह उसे गणिकाओं के यहाँ भी ले जाती है। एक ऋषि इतने कुपित होते हैं कि वे शाप देते हैं कि उसका पति अगले दिन सूर्योदय के समय मृत्यु को प्राप्त होगा। शीलवती तब अपने सतीत्व के बल पर सूर्य को अगले दिन उदित होने से रोक देती है।

सती में विश्वास का मतलब था कि विधवा को ऐसी स्त्री के रूप में देखा जाता था जो अपने पति की मृत्यु को नहीं रोक पायी। अपनी सच्चरित्रता यानी सतीत्व का प्रमाण देने के लिए उसे अपने पति की चिता पर जल मरने के लिए उत्साहित

मेसोपोटामियाई पौराणिक कथा : तियामत और मर्दुक

किया जाता था, जिससे सती-प्रथा का भयंकर रिवाज़ शुरू हुआ और जो स्त्रियाँ इस प्रकार अपने को होम कर देती थीं, उनकी पूजा होने लगी।

अगर ग्रामीण संस्कृतियों में उर्वरता का महत्त्व था तो नगर सभ्यता में आज्ञापालन का, क्योंकि वह नियन्त्रण और अनुशासन का सूचक था। जहाँ उर्वरता स्त्रियों में निहित थी, आज्ञापालन पुरुषों के माध्यम से लागू किया जाता था। शहरीकरण के साथ और भी नियम-कायदे बने और दुष्टता का विचार पैदा हुआ—वह जो नियमों का पालन नहीं करता। हम पाते हैं कि नियमों का लक्ष्य स्त्रियाँ हैं जिस से संकेत मिलता है कि नगर पुरुषों का आविष्कार थे।

यह चीनी पौराणिक कथाओं से स्पष्ट है जहाँ दो प्राकृतिक शक्तियाँ—यैंग और यिन—सामंजस्यपूर्ण ढंग से मिल कर जीवन की सृष्टि करती हैं। पौरुषपूर्ण यैंग आकाश में एक ड्रैगन, एक अलौकिक अजगर की तरह है। स्त्रियोचित यिन धरती है जो फीनिक्स पाखी (अमर पक्षी) की तरह अपनी ही राख से उठ खड़ी होती है, अपने को फिर से नया बनाती हुई। ताओ परम्परा के अनुसार प्रकृति में कोई ऊँची या नीची शक्ति नहीं होती, लेकिन कन्फ्यूशियस की परम्परा में—जो प्रकृति के मुकाबले संस्कृति को तरजीह देती है—श्रेणियाँ सामने आती हैं, जहाँ पुरुष अधिक महत्त्वपूर्ण बन जाता है। सम्राट को चीनी राजमहल में ड्रैगन सिंहासन पर बैठने के लिए दैवी आदेश प्राप्त है और उससे कहा गया है कि वह पृथ्वी को वश में करके उसका पालन करे और जहाँ अव्यवस्था है, वहाँ व्यवस्था स्थापित करे।

पितृसत्ता वाला समाज स्त्रियों को प्रकृति से और पुरुषों को संस्कृति से जोड़ता है। संस्कृति जैसे प्रकृति को पालतू बनाती है, अपने वश में करती है, वैसे ही पुरुषों से औरतों को पालतू बनाने के लिए कहा जाता है। यह मेसोपोटामिया के महाकाव्य 'ऐनुमा एलिश' में स्पष्ट है जहाँ देवता-सम्राट मर्दुक आदिम स्त्री दानवी तियामत को पराजित करता है और दुनिया में व्यवस्था स्थापित करता है। यह उन यूनानी पौराणिक कथाओं में भी स्पष्ट है जिनमें जिउस पूरे इलाके में अप्सराओं के पीछे भागता, उनसे बलात्कार करता और बच्चे पैदा करता बताया जाता है।

जापानी पौराणिक कथा : आदिम जुड़वाँ

जापानी पौराणिक कथाओं में पहला पुरुष इजनागी और पहली स्त्री इजनामी मिल कर जापान द्वीप की सृष्टि करने के लिए समुद्रों को मथते हैं। वे एक खम्भे वाला घर बनाते हैं और इस इरादे से विपरीत दिशाओं में बढ़ते हुए उसकी परिक्रमा करते हैं कि जब वे मिलेंगे तो सम्भोग करेंगे। जब वे मिलते हैं तो स्त्री पहले बोल पड़ती है और विरूप प्रेत पैदा होते हैं। वे एक बार फिर परिक्रमा करते हैं और इस बार जब वे मिलते हैं तब आदमी पहले बोलता है और सामान्य मनुष्य पैदा होते हैं। इस तरह स्त्रियों को पुरुषों के अधीन बनाने की ज़रूरत तय होती है।

जापानी पौराणिक कथाओं में स्त्री-पुरुष का यौन-भेद अगली पीढ़ी में भी चलता रहता है। इजनागी की बेटी सूर्य-देवी अमतेरसु—जो उसकी दायीं आँख से पैदा हुई है अपने भाई त्सुकूयोमी के साथ आकाश में साझेदारी करती है। लेकिन फिर त्सुकूयोमी धरती की देवी पर घृणा से आघात करता है, क्योंकि वह अपने सभी छिद्रों से भोजन पैदा कर रही है जिनमें नाक, गुदा और मुँह शामिल हैं। इसलिए अमतेरसु त्सुकूयोमी को देखने से इनकार कर देती है जिसके नतीजे के तौर पर दिन और रात का विभाजन होता है, रात चन्द्रमा-भाई की होती है और दिन सूर्य-बहन का। अमतेरसु अपने दूसरे भाई तूफ़ान के देवता सुसानू से होड़ भी बदती है। वह उसके गले के हार को इस्तेमाल करके पाँच आदमी पैदा करता है और वह उसकी तलवार इस्तेमाल करके तीन औरतें पैदा करती है। वह कहता है कि उसकी जीत हुई है, क्योंकि उसने अधिक बच्चे पैदा किये हैं, लेकिन वह कहती है कि वह जीती है, क्योंकि उसके हार से पुरुष पैदा हुए, जबकि सुसानू की तलवार से स्त्रियाँ पैदा हुईं। इस तरह वह न चाहते हुए भी मान लेती है कि नर बच्चों का महत्त्व मादा बच्चों से अधिक होता है।

शहरों में हमें शक्ति के लिए संघर्ष नज़र आता है—राजा बनने की इच्छा, पुरुषों के बीच होड़, बड़े-बुजुर्गों का तख्ता पलटने की कोशिश में जुटे युवा और युवाओं को हमेशा सन्देह से देखते बड़े-बुजुर्ग। स्त्रियाँ इस मर्दाना होड़ का इनाम होती हैं। उन्हें ऐसी खतरनाक ताकतों के तौर पर देखा जाता है जो कामना और इच्छा को नियमों से अधिक महत्त्व देती हैं। हरेक से कहा जाता है कि उनसे सतर्क रहे।

मिसाल के लिए, जिउस मनुष्य नायकों से भयभीत हो कर पैण्डोरा नामक एक स्त्री को इस चेतावनी के साथ एक डिब्बा भेजता है कि वह उसे कभी खोले नहीं।

यूनानी पौराणिक कथा : पैण्डोरा

यूनानी पौराणिक कथा : ओरेस्टीस का पीछा करती प्रतिशोध की देवियाँ

वह उसकी बात नहीं मानती और डिब्बा खोल देती है और दुनिया की सारी मुसीबतें और समस्याएँ बाहर निकल आती हैं जिनमें मनुष्यों को इतना व्यस्त रखने की शक्ति है कि वे ओलिम्पस के देव-मण्डल का तख्ता पलटने की सोच भी न पायें। उस दिन से आदमियों को सभी औरतों से सावधान रहने की सलाह दी जाती है; वे जीवन की सभी समस्याओं के लिए ज़िम्मेदार मानी जाती थीं। यह अचरज की बात नहीं थी कि यूनानी लोकतन्त्र सिर्फ पुरुषों को महत्त्व देता और स्त्रियों को बाहर ही रखता था।

'बाइबल' की पौराणिक कथाओं में ईव को, जो स्त्री है, साँप द्वारा प्रलोभन दिया जाता है कि वह ईश्वर के नियम को तोड़ कर ज्ञान के वृक्ष का फल खाये और पुरुष ऐडम को भी ऐसा करने के लिए विवश करे। इस अवज्ञापूर्ण कृत्य के लिए ऐडम और ईव, दोनों को स्वर्ग से निष्कासित कर दिया जाता है और ईव को ऐडम के अधीन बना दिया जाता है। ईव की सृष्टि से पहले कहा जाता है कि ईश्वर ने बालदार टाँगों वाली लिलिथ की सृष्टि की थी, लेकिन उसने ऐडम के अधीन रहना स्वीकार नहीं किया और इसलिए उसे निष्कासित कर दिया गया : वह दानवों की माता बन गयी।

जैसे-जैसे नगरों के इर्द-गिर्द दीवारें बनायी गयीं और सम्पत्ति को जमा करके रखा जाने लगा, अक्सर आस-पास के देहाती इलाकों में रहने वाले कबीले नगरों पर हमला करने और उनका घिराव करने लगे। भूख और अभाव से मजबूर हो कर ये कबीले नगरों की प्राचीरों को तोड़ कर अन्दर जो कुछ जमा करके रखा गया था, उसे छीन लेना चाहते, उस पर अपना दावा करना चाहते। इस दुनिया में आदमी का महत्त्व उस सब से होता जो उसके पास था, जिसमें औरतें शामिल थीं। हमला करने वाले नगरों के भीतर रहने वालों की सम्पत्ति पर ही नहीं, उनकी औरतों पर भी कब्जा करना चाहते थे। इससे स्त्रियों का जीवन 'उनके भले के लिए' अकेला और अलग-थलग होता गया। वे अब घर के आँगनों और अन्त:पुरों में ही रहतीं और उन्हें घूँघट और नकाबों के पीछे अपने चेहरे छिपाने को मजबूर होना पड़ा। जितनी बड़ी सामाजिक हैसियत होती, उतना ही अधिक अलगाव होता और जितना अधिक अलगाव होता,

बाइबल की पौराणिक कथा : डाइना का बलात्कार

स्त्री उतनी ही ज़्यादा कीमती और कामना-योग्य बन जाती। इस तरह हमें यूरोपीय लोक-कथाओं की कुँवारी स्नो ह्वाइट और भारतीय लोक-कथाओं की असूर्यम्पश्या (जिसे सूर्य भी न देख सकता हो) और असूर्यस्पर्शा (जिसे सूर्य छू न पाता हो) की अवधारणाएँ मिलने लगती हैं।

समाज ने स्त्री की देह को अपने सम्मान, अपनी इज़्ज़त का केन्द्र बना दिया और इसीलिए एक हज़ार यूनानी जहाज़ स्पार्टा के राजा मेनेलाउस की पत्नी हेलेन को वापस लाने के लिए रवाना हुए जो ट्रॉय के राजकुमार पैरिस के साथ भाग गयी थी। उसके इस कृत्य ने समूचे यूनान को लज्जित कर दिया था। ट्रॉय को जीत कर मिट्टी में मिलाने के बाद वहाँ के योद्धाओं की पत्नियाँ रखैलें बना कर यूनान वापस लायी गयी थीं। यूनानियों के नेता ऐगामेम्नॉन जिसने अनुकूल हवाओं के लिए अपनी बेटी इपिजीनिया की बलि दी थी, ट्रॉय की राजकुमारी कसाण्ड्रा को अपने साथ ले कर लौटा। ऐगामेम्नॉन की पत्नी क्लिटेम्नेस्ट्रा इतनी नाराज़ हुई कि उसने अपने पति और उसकी रखैल की हत्या कर दी।

ऐगामेम्नॉन के बेटे ओरेस्टीस ने अपने पिता की हत्या का बदला अपनी माँ और उसके प्रेमी एजिस्थुस को मार कर चुकाया। अपनी माँ की हत्या करने के अपराध के लिए एरिनी नामक भयंकर स्त्री-प्रेतिनियों ने (जो क्रुद्ध आत्माओं या प्रतिशोध की देवियों के रूप में जानी जाती थीं) ओरेस्टीस का पीछा किया जब तक कि विवेक की देवी एथीना ने बीच-बचाव नहीं किया। एथीना ओरेस्टीस का पक्ष लेते हुए एरिनियों को न्याय की देवियाँ घोषित करके शान्त करती है। यह कहानी मातृसत्ता से (जब रानी के प्रेमी को अनुष्ठान-स्वरूप मार दिया जाता था और माँ का वध करना सबसे बड़ा अपराध था) पितृसत्ता की ओर (जब पुरुषों की सत्ता को चुनौती देने और पारिवारिक प्रतिष्ठा को आघात पहुँचाने वाली स्त्रियों का वध न्यायपूर्ण था) झुकाव का सूचक है।

हीब्रू 'बाइबल' में खानाबदोशों के नेता जेकब की बेटी डाइना की कथा मिलती है। कनानियों के एक राजकुमार ने उसका अपहरण करके उसके साथ बलात्कार किया था। यह राजकुमार डाइना से विवाह करने के लिए इस हद तक इच्छुक था कि वह स्वीकार-योग्य दूल्हा बनने के लिए अपना खतना कराने के लिए भी तैयार था। इससे संकेत मिलता है कि अपहरण शायद मिली-भगत से भाग जाना

नियति की यूनानी देवियों की त्रयी

धरती से आकाश की ओर स्थानान्तरण

था और बलात्कार आपसी रज़ामन्दी से किया गया सम्भोग था। डाइना के भाई ऐसा नहीं सोचते थे। वे उस कनानी राजकुमार को उस समय मार देते हैं जब वह खतना कराने के बाद स्वास्थ्य-लाभ कर रहा है और फिर वे उसकी ज़मीनों को तहस-नहस करने लगते हैं, जिससे उनके पिता जेकब को बहुत घबराहट और डर लगता है, क्योंकि वह शहरी लोगों से दुश्मनी नहीं चाहता। लेकिन भाई तर्क देते हैं—'हम उसे इस बात की इजाजत कैसे दे सकते हैं कि वह हमारी बहन के साथ ऐसा बरताव करे जैसा वेश्याओं के साथ किया जाता है।'

सम्मान को इस तरह स्त्रियों में केन्द्रित करना भारतीय महाकाव्यों में विस्तार से देखा जा सकता है। 'रामायण' में सीता को रावण के चंगुल से छुड़ा कर लाने के बाद राम उससे कहते हैं, 'मैं तुम्हें इसलिए नहीं छुड़ा कर लाया, क्योंकि तुम मेरी पत्नी हो, बल्कि उस कुल की प्रतिष्ठा की रक्षा करने के लिए, जिसमें तुम्हारा विवाह हुआ था।' 'महाभारत' में सभा के सामने पाण्डवों को अपमानित करने के लिए ही कौरव द्रौपदी को निर्वस्त्र करके उसका मान-भंजन करने की कोशिश करते हैं। इन कथाओं में स्त्री अब व्यक्ति या मनुष्य नहीं रह जाती; उसे मानवीयता से रहित करके पुरुषोचित सम्मान का प्रतीक बना दिया जाता है। गर्व-योग्य सम्पत्ति से सम्मानित वस्तु में स्त्री का यह रूपान्तरण पितृसत्ता की विजय है।

अत्यधिक नगरीकरण ने सभी भौतिक वस्तुओं के प्रति घृणा की भावना भी पैदा की। सार्थकता की खोज नगर की सीमाओं के बाहर की गयी—खुले आकाश के नीचे विस्तृत बन्धनहीन धरती के ऊपर।

जो पैरों के नीचे की धरती पर नज़र डालते, वे उसे 'देवी' के रूप में देखते, जो संसार के विरोधाभासों को अपने में समाये, जोड़ों और तीन-तीन के समूहों में खुद को प्रकट कर रही थी। सुमेरी पौराणिक कथाओं में उर्वर इश्तर के साथ ही बंजर और बाँझ एरेशकिगल भी थी। हिन्दू पुरा-कथाओं में हिंसक बेलगाम काली के साथ घरेलू गौरी भी थी; मिस्री पुराणों की गाय हथोर के साथ शेरनी सेखमेत भी थी। यूनानी पौराणिक कथाओं में नियति की तीन देवियाँ धागा कातती रहती हैं जिसकी लम्बाई

लिलिथ जो ईव से पहले पैदा हुई
मेसोपोटामिया की इश्तर
सम्भावित रूप से एक मेसोपोटामियाई देवी जो ईसाई दानवों की माता में बदल गयी
माता मेरी और ईसा मसीह
ईश्वर के नियम को तोड़ कर ज्ञान के फल को खाते ऐडम और ईव
पैगम्बर मुहम्मद की बेटी फातिमा का हाथ

बाइबल की पुरा कथाएँ

मानवीय जीवन की अवधि निर्धारित करती है; कृपा की तीन देवियाँ हैं जो वसन्त, ग्रीष्म और शिशिर की तीन ऋतुओं का प्रतीक हैं। इस तरह संसार स्त्रियों के रूप में देखा जाता है।

लेकिन धीरे-धीरे दृष्टि ऊपर आकाश की ओर उठी। गुरुत्वाकर्षण बेड़ी बन गया, धरती एक फन्दा और स्त्री एक बन्धन। छुटकारे की तलाश शुरू हुई। देवी के सन्देशवाहक सर्प को ठुकरा कर पंख-युक्त जीवों—देवदूतों—को पसन्द किया जाने लगा जो मनुष्यों को धरती के ऊपर 'उच्चतर' लोकों की ओर ले जाते हैं।

'बाइबल' की पौराणिक कथाओं में सर्प शैतान का प्रतीक बन जाता है जो ईश्वर की अवज्ञा करता है और दूसरों को ऐसा करने के लिए प्रलोभन देता है। ईश्वर, जो सारे नियम बनाता है, पुरुष-रूपी बन जाता है और आकाश में निवास करता है। पैगम्बर उसके शब्दों को धरती तक लाते हैं। वे अधिकतर पुरुष हैं—अबराहम, मूसा, ईसा, मुहम्मद। वे गिनी-चुनी स्त्री-पैगम्बरों—मिरियम, डेबोरा और ऐना—को किनारे कर देते हैं।

ईसाइयों के लिए ईसा ईश्वर का पुत्र है। ईश्वर की किसी बेटी का कोई जिक्र नहीं है। ईसा की माँ, मेरी को सिर्फ कैथोलिक ईसाई परम्परा में ईश्वर की माता के रूप में चुना गया—शाश्वत कुमारी जिसका महिमा-मण्डन होता है, क्योंकि उसने 'पवित्र गर्भधारण' किया है। मगर वह कोई 'देवी' नहीं है। यहूदियों की रहस्यवादी परम्परा में ईश्वर की स्त्री आत्मा, शेकीना का उल्लेख है, पर उसे कभी रूपाकार नहीं दिया गया। 'बाइबल' में मेरी नाम की कई स्त्रियाँ हैं, लेकिन उनमें से कोई धर्मदूत नहीं बनती, मेरी नामक वे तीन स्त्रियाँ भी नहीं जो ईसा के सूली चढ़ाये जाने की गवाह हैं और जिन्हें ईसा के पुनरुज्जीवित होने के बारे में सबसे पहले पता चलता है।

राजा आर्थर की गाथाओं में, जो मध्यकालीन ईसाई यूरोप में लोकप्रिय हुईं, स्त्री कुमारी है, पवित्रता का प्रतीक, जिसे लगातार चमकते कवच और जिरह बख्तर पहने शूरवीर मुसीबतों और कैद से छुड़ा कर लाते रहते हैं। वह खतरनाक जादूगरनी और डायन भी है। परी-कथाओं में वह 'स्वप्न सुन्दरी' है, जिसे सिर्फ किसी 'मनमोहक राजकुमार' का चुम्बन ही नींद से जगा सकता है। संसार भर के आश्रम और मठ-व्यवस्थाएँ और सम्प्रदाय औरतों और उनके द्वारा पैदा किये गये बच्चों की देख-रेख के इस बोझ से मुक्ति पाने की कोशिशें करते रहे।

प्राचीन बौद्ध धर्म स्त्री को स्वीकार नहीं करता था

बाद के बौद्ध धर्म ने तारा के रूप में स्त्री को स्वीकार किया जो करुणा वश बोधिसत्व को संसार में लिप्त होने की प्रेरणा देती है

गुआन-यिन, समस्या सुलझाने वाली, वर देने वाली स्त्री बोधिसत्व जो चीन में लोकप्रिय हुई

बौद्ध पुरा-कथाएँ

इस्लाम में एक लोक परम्परा है कि कैसे शैतान 'कुरान' में मुहम्मद के माध्यम से एक आयत शामिल कराने की विफल कोशिश करता है, जो मक्का की तीन देवियों—उर्स, मन्नत और लात—को अल्लाह तक पहुँचने का माध्यम बनाती है। यही वे कुख्यात शैतानी आयतें थीं। इसके बावजूद स्त्री-तत्व पैगम्बर की बेटी फ़ातिमा के रूप में अपनी उपस्थिति महसूस कराता है, जो 'बुरी नज़र' से बचने के लिए एक आम तावीज है।

जैन धर्म में सभी तीर्थंकर जो अज्ञान से ज्ञान तक पहुँचने के लिए सेतु बनाते हैं, पुरुष हैं। कुछ परम्पराओं में एक तीर्थंकर—मल्लिनाथ—स्त्री हैं। उनकी स्त्री-देह एक पाप का परिणाम है : अपने पूर्व जन्म में उन्होंने अस्वस्थ होने पर अपने साथियों से ज़्यादा उपवास रखा था और अपने साथियों को इस बारे में बताया नहीं। वे अपनी स्त्री-देह को पाप का पात्र मानते हुए ठुकरा देते हैं।

बौद्ध धर्म के आरम्भिक दिनों में, बुद्ध स्त्रियों को संघ में शामिल करने से तब तक इनकार करते रहे, जब तक कि उन्हें अपने पिता की मृत्यु पर अपनी विमाता को रोते देख कर यह बोध नहीं हुआ कि स्त्रियाँ भी पुरुषों जितनी ही दुखी हो सकती हैं। आरम्भिक बौद्ध परम्पराएँ ज्ञान को सिर्फ बौद्धिक अभिप्रायों में ही देखती थीं। लेकिन आगे चल कर बौद्ध धर्म में सम्वेदनाओं और भावनाओं को भी जगह दी गयी। करुणा को ज्ञान जितना ही महत्त्वपूर्ण माना गया। और करुणा ने तारा नामक देवी का रूप ले लिया। वह उस समय प्रकट हुई जब बुद्ध ने पीड़ित जनों के चीत्कार सुन कर एक आँसू गिराया। बुद्ध ने निर्वाण न स्वीकार करके बोधिसत्व के रूप में बिना थके काम करने का फैसला किया, ताकि अन्य उत्पीड़ित जनों की मदद कर सकें। सभी बोधिसत्व पुरुष हैं। लेकिन फिर हमें चीन की स्त्री बोधिसत्व गुआनयिन का पता चलता है जिसकी उपस्थिति जीवित लोगों के लोक में और मरे हुओं के लोक में सभी पीड़ित आत्माओं को सान्त्वना प्रदान करती है।

चार हज़ार वर्ष पहले, जब बौद्ध धर्म का उदय नहीं हुआ था, वैदिक हिन्दुत्व ने अग्नि, इन्द्र, वायु और सूर्य जैसे देवों को उषा, वाक और अरण्यानी जैसी देवियों से

तान्त्रिक पुरा-कथा : ब्रह्मा, विष्णु और शिव की माता, आद्या

अधिक महत्त्व दिया था।

बौद्ध धर्म के उदय के बाद इन दो हज़ार वर्षों के दौरान पौराणिक हिन्दुत्व में देवता भगवान/ईश्वर के रास्ते से हट गये हैं। लेकिन ईश्वर/भगवान को देवी (भगवती, ईश्वरी) के बिना समझाया नहीं जा सकता। वह अलग से नहीं जोड़ी गयी थी; बल्कि वह अन्तरंग और जटिल रूप से सम्बद्ध पूरक थी। स्त्रियों को यह जो महत्त्व दिया गया इसके पीछे ग्राम-देवियों की लोकप्रियता और प्रभाव का हाथ बताया जाता है, जिन्हें वेदों या सिन्धु घाटी सभ्यता के नगरों से भी बहुत पहले समय के उषा-काल ही से भारत भर की बस्तियों में पूजा जाता रहा है।

इस उत्तर-पौराणिक हिन्दुत्व में तीन सम्प्रदाय उभर कर सामने आये। दो पौरुष प्रधान—शिव और विष्णु पर आधारित—और एक स्त्री-प्रधान—'देवी' पर आधारित।

शिव तपस्वी हैं; जब ब्रह्मा 'देवी' के प्रति मोहित होते हैं और उसे नियन्त्रित करने की कोशिश करते हैं तो शिव उनका विरोध करते हैं। वे सांसारिक जीवन का त्याग करते हैं जब तक कि 'देवी'—गौरी में रूपान्तरित हो कर—उन्हें गृहस्थ और पिता नहीं बना देती।

विष्णु गृहस्थ हैं जो 'देवी' को मंगल और सम्पन्नता की देवी लक्ष्मी के रूप में देखते हैं; कई अवतार लेते हुए ताकि ब्रह्मा और उनके पुत्र काली से निपट सकें।

लेकिन 'देवी' अपने आप में दिव्य है, पृथ्वी जैसी स्वतन्त्र, ब्रह्मा की दृष्टि का उत्तर देती हुई जो उसे नियन्त्रित करना चाहते हैं; विष्णु की दृष्टि का उत्तर देती हुई जो उसके साथ आनन्द करते हैं और शिव की दृष्टि का उत्तर देती हुई जो उससे पीछे हटते हैं। वह उनकी माता, बेटी, बहन और पत्नी है। वह उन्हें यह अनुमति तो देती है कि वे प्रधान बनें, लेकिन वह उन्हें कभी अपने ऊपर सत्ता स्थापित नहीं करने देती। वह सब को उस उद्विग्नता से बाहर आने में सहायता देती है, जिससे पितृसत्ता का जन्म होता है, साथ ही वह उन्हें उस उद्विग्नता से भी मुक्त करती है, जिसे पितृसत्ता पैदा करती है।

2. काली का रहस्य

प्रकृति मनुष्य की दृष्टि के प्रति उदासीन है

कोलकाता के कालीघाट मन्दिर की काली

हिन्दू पौराणिक कथाओं में काली शायद 'देवी' का सबसे ज़्यादा नाटकीय रूप है। वह आम तौर पर नग्न है, बाल खोले, हाथ में हसिया लिये शिव के ऊपर बैठी या खड़ी, गले में नर-मुण्डों की माला पहने और रक्त-रंगी जीभ बाहर निकाले।

वह जीभ क्या हमें दिखायी जा रही है ? या हम सिर्फ साक्षी हैं ? क्या उस जीभ से वह कुछ व्यक्त करना चाहती है या हमीं उसका कोई मतलब निकालते हैं ?

काली को समझने के लिए भारत में 'देवी' पूजा के फलने-फूलने के बारे में जानकारी से काफी मदद मिल सकती है। इसके लिए हमें पिछले चार हज़ार वर्षों के दौरान हिन्दुत्व के विकास और रूपान्तरण का जायज़ा लेना होगा—बुद्ध-पूर्व वैदिक चरण से ले कर, जहाँ अनुष्ठान और कर्म-काण्ड देवताओं से अधिक महत्त्वपूर्ण थे, बुद्ध के बाद के काल के पौराणिक चरण तक, जब भगवान के प्रति भक्ति सबसे ज़्यादा महत्त्वपूर्ण हो गयी और फिर औपनिवेशिक दृष्टि के उदय और उसके प्रति स्थानीय रवैये तक।

इस यात्रा के दौरान हम देखेंगे कि काली का विचार उस नाम और रूप से अधिक पुरातन है जिससे आज हम उसे जानते हैं। हम यह भी देखेंगे कि काली की जीभ कैसे एक हथियार से ज्ञान के प्रतीक में बदली और फिर लज्जा के प्रतीक में।

ईसा पूर्व 2500 के आस-पास सिन्धु और सरस्वती (जो लगभग 2000 ईसा पूर्व तक सूख कर लुप्त हो गयी) नदियों के किनारे एक नगर सभ्यता फली-फूली थी। यहाँ हमें मिट्टी के साँडों के साथ-साथ नग्न, लेकिन आभूषण पहने, स्त्रियों की मूर्तियाँ मिली हैं। साँड उद्दाम पुरुष शक्ति के प्रतीक हैं। स्त्रियाँ प्रकृति का प्रतिनिधित्व करती हैं जिसे पालतू बना लिया गया है, वश में कर लिया गया है। दोनों मिल कर प्रकृति की उर्वरता का प्रतीक हैं जिसके ऊपर मनुष्य अपने भौतिक कल्याण के लिए नियन्त्रण पाने की कोशिश करते रहते हैं। हमें काली जैसी मूर्तियाँ नहीं मिलतीं पर

सिन्धु घाटी की देवी प्रतिमाएँ

हमें जंगली और पालतू के बीच संघर्ष की समझदारी का सबूत ज़रूर मिलता है। इन नगरों का अस्तित्व 2000 ईसा पूर्व तक खत्म हो चुका था, लेकिन उनकी सांस्कृतिक प्रथाएँ भारतीय उपमहाद्वीप में फलती-फूलती रहीं।

1500 ईसा पूर्व के आस-पास एक गोपालक समुदाय सिन्धु-सरस्वती घाटी से गंगा नदी की घाटी की ओर आ बसा। सिन्धु घाटी के नगरों के साथ इन लोगों के सम्बन्ध को अभी सुलझाया जाना बाकी है। उनकी स्तुतियों में, जिन्हें वेद कहते हैं, गायों, घोड़ों, अनाज, स्वर्ण और पुत्रों के लिए भारी लालसा व्यक्त की गयी है। पृथ्वी पर विचरण करने वाली देवियों की तुलना में वे अग्नि को माध्यम बना कर इन्द्र जैसे पौरुषपूर्ण योद्धा देवताओं और आकाश में निवास करने वाले अन्य पुरुष देवों का आह्वान करते हैं। लेकिन एक उल्लेख निरऋति का आता है जिसे स्वीकार किया जाता है, लेकिन स्वास्थ्य और कल्याण के लिए दूर रहने के लिए कहा जाता है। उसके नाम का मतलब है वह जो 'ऋति' यानी प्रकृति की नियमित लय को भंग करती है।

1000 ईसा पूर्व के आस-पास ब्राह्मण ग्रन्थ, जो स्तुतियों अथवा स्तोत्रों को कर्म-काण्ड से जोड़ते हैं, निरऋति के बारे में और विस्तार से वर्णन करते हैं। वह साँवली, उद्दाम और बिखरे बालों वाली बतायी जाती है—दक्षिणी लोकों से सम्बद्ध जो परम्परागत रूप से मृत्यु से जोड़ कर देखे जाते हैं। इसी निरऋति की पहचान अक्सर आदिम-काली या मूल-काली के रूप में की जाती है, क्योंकि बाद के साहित्य में काली को अक्सर दक्षिण-काली कह कर सम्बोधित किया जाता है यानी वह जो दक्षिण से आती है; और दक्षिण यम का—मृत्यु का—लोक है। निरऋति उस असहजता और उद्विग्नता को द्योतित करती है जो मनुष्यों को प्रकृति के दुर्दमनीय अँधेरे पक्ष के सिलसिले में होती है।

जैमिनीय ब्राह्मण में एक दीर्घ-जिह्वी का उल्लेख आता है जो एक यज्ञ के दौरान उपजे सोम को चाट गयी थी, जिससे इन्द्र को बहुत खीझ हुई थी। यह सोम देवताओं समेत सभी को दीर्घ जीवन, सुख-समृद्धि और स्वास्थ्य प्रदान करता था। इन्द्र उस दीर्घ-जिह्वी पर काबू पाने के लिए सुमित्र नाम के एक युवक को भेजता है। लेकिन दीर्घ-जिह्वी उसे ठुकरा देती है, क्योंकि उसके पास एक ही लिंग है जबकि दीर्घ-जिह्वी के पास कई योनियाँ हैं जो सन्तुष्टि चाहती हैं। लिहाजा, इन्द्र

काँसे से बनी काली की चोल प्रतिमा

उस व्यक्ति को कई लिंग दे देता है। सुमित्र में इस रूपान्तरण को देख कर दीर्घ-जिह्वी बहुत प्रसन्न होती है। वे प्रणय-क्रीड़ा करते हैं और सम्भोग के दौरान जब दीर्घ-जिह्वी नीचे दबी हुई हिलने-डुलने के काबिल नहीं होती, सुमित्र को उसे मार डालने का अवसर मिल जाता है। इसे भी जीभ और उद्दाम यौन-इच्छा के कारण आदिम-काली के रूप में चिह्नित किया जाता है और यह स्त्रियों की यौन तथा प्रजनन क्षमता के आगे पुरुषों की उद्विग्नता और चिन्ता को प्रकट करता है।

500 ईसा पूर्व के आस-पास बौद्ध और अन्य श्रमण (तपस्वी) परम्पराएँ प्रकट हुईं जो समाज के भौतिक आग्रहों को अस्वीकार करती थीं। कर्म और मोक्ष जैसे शब्द लोकप्रिय होने लगे। मनन-चिन्तन और बन्धनों और मुक्ति की चर्चा बढ़ी। यज्ञ धीरे-धीरे महत्त्व खो बैठा।

यही वह समय है जब आरम्भिक उपनिषद साहित्य में काली का नाम पहली बार प्रकट होता है, लेकिन यह नाम अग्नि की बहुत-सी जीभों में से एक को दिया गया है। बाद की प्रतिमाओं में हमें काली की मूर्तियों में ज्वाला-रूपी केश मिलते हैं। अनुमान ही लगाया जा सकता है कि काली कही जाने वाली ज्वाला का कोई रिश्ता ज्वाला-रूपी केशों वाली काली से बनता है।

बुद्धोत्तर काल में धीरे-धीरे पुराण साहित्य उभर कर सामने आया। इस साहित्य में हमें एक अकेले, सर्व-शक्तिमान दैवी तत्व या ईश्वर की चर्चा मिलती है जो अपने भक्तों का उद्धार करता है। अलग-अलग लोगों ने भगवान या ईश्वर की कल्पना अलग-अलग रूप से की। कुछ के लिए यह सर्वोच्च सत्ता तपस्वी शिव थे, अन्य लोगों के लिए गृहस्थ विष्णु थे और कुछ और लोगों के लिए वह 'देवी' थी। हर सम्प्रदाय सबसे ऊँचे स्थान के लिए होड़ करता रहा। इसी हिसाब से कथाएँ बनीं कि कैसे 'देवी' ने उन असुरों को परास्त किया, जिन्हें न तो शिव हरा पाये थे न विष्णु। 'देवी' के बहुत-से रूपों में ही काली और काली-सरीखी देवियाँ भी प्रकट हुईं।

शिव, विष्णु और 'देवी' और उनके अनेक रूप वैदिक साहित्य तक खोजे जा

दुर्गा के मस्तक से काली का जन्म

सकते हैं जबकि उनके दूसरे रूप ग्राम-देवों तक, जहाँ मौखिक परम्परा शायद सबसे प्राचीन वैदिक स्तुतियों से भी पुरानी है। इस काल में ग्राम-देवों को मुख्यधारा के अधिक नियमबद्ध धर्मों में समाहित कर लेने की प्रवृत्ति आम थी और इसीलिए बौद्ध, जैन और हिन्दू पौराणिक साहित्य में सामान्य रूप से एक-जैसे देवी-देवताओं की उपस्थिति पायी जाती है जो इस काल में और भी विस्तृत और व्यापक हो गयी।

पुराणों की सबसे शुरुआती कहानियाँ महाकाव्यों में पायी जाती हैं—'रामायण' और 'महाभारत'—में, जिनका रचना-काल 300 ईसा पूर्व से ले कर 300 ईस्वी तक है। उनमें हम कालरात्रि नामक एक देवी का उल्लेख पाते हैं जो कुरुक्षेत्र के युद्ध के अन्तिम दिन प्रकट होती है जब अश्वत्थामा निर्ममता से रात के समय पाण्डवों के पुत्रों का वध कर देता है जब वे सो रहे होते हैं। इसी काल में रचे गये 'तमिल संगम साहित्य' में हमें युद्ध भूमि से सम्बन्धित कोर्रवई नामक देवी मिलती है जिसके केशों की जगह ज्वालाएँ हैं। कालरात्रि और कोर्रवई, दोनों ही, क्रोध और हिंसा से जुड़ी हैं।

300 ईस्वी के आस-पास, जब शुरुआती पुराण संकलित किये गये, काली एक अलग देवी के रूप में प्रकट होती है। वह शिव की जटाओं से अपने भाई वीरभद्र के साथ जन्म लेती है और दोनों मिल कर दक्ष के यज्ञ को ध्वस्त कर देते हैं। 'देवी माहात्म्य' में, जो 'मार्कण्डेय पुराण' का हिस्सा है वह दुर्गा के मस्तक से चण्ड और मुण्ड नामक राक्षसों का वध करने के लिए जन्मती है। 'देवी माहात्म्य' में उसकी जीभ से सम्बन्धित सबसे प्रसिद्ध कथा भी कही गयी है।

रक्तबीज नामक एक असुर ने ब्रह्मा से एक वरदान प्राप्त किया था कि अगर उसके रक्त की एक बूँद धरती पर गिरेगी तो वह एक बीज में बदल जायेगी और उससे उसका एक और प्रतिरूप पैदा हो जायेगा। इस वरदान के बाद कोई देवता रक्तबीज को पराजित नहीं कर पाता था। उस पर शस्त्र से प्रहार करने पर मामला और बिगड़ता ही था। सो, इन्द्र के नेतृत्व में सभी देवता ब्रह्मा के पास गये जिन्होंने अपनी असहायता प्रकट की और सब को विष्णु के पास जाने के लिए कहा। विष्णु ने भी असमर्थता प्रकट करते हुए उन्हें शिव के पास जाने को कहा। शिव ने भी अक्षमता का उल्लेख करते हुए देवी से अनुरोध किया। देवी दो रूपों में युद्ध करने

रक्तबीज से युद्ध करती दुर्गा और काली का लघु चित्र

के लिए गयी। एक रूप बाघ पर सवार युद्ध के लिए तत्पर अनेक बाहुओं वाली चण्डी का था। दूसरा रूप काली का था जिसकी जीभ बाहर निकली हुई थी। चण्डी ने अनेक रक्तबीजों के सिर अपने शस्त्रों से काटने शुरू किये और काली ने रक्त की इन बूँदों को धरती पर गिरने से पहले ही पीना शुरू किया। इस तरह नये रक्तबीजों का बनना बन्द हो गया और असुर का नाश हो गया। देवी ने असुर के काटे गये सिरों की माला बना कर आभूषण की तरह अपने गले में पहन ली।

500 ईस्वी के आस-पास तान्त्रिक साहित्य की रचना होने लगी। पुराणों के विपरीत, जो बाहरी संसार और भक्ति और तीर्थ-यात्राओं जैसे मामलों में अधिक रुचि रखते जान पड़ते थे, तान्त्रिकों की दिलचस्पी रहस्य और रसायन जैसे विषयों में अधिक थी। यहाँ हमें काली और चामुण्डा और छिन्नमस्तिका जैसी काली-सरीखी देवियाँ पहले की तुलना में जल्दी-जल्दी और अधिक बार प्रकट होती दिखायी देती हैं। वे तीन, सात, नौ, दस, चौंसठ देवियों के समूहों में प्रकट होती हैं जिन्हें अलग-अलग त्रि-देवियों, त्रि-अम्बिकाओं, मातृकाओं, महा-विद्याओं और योगिनियों के रूपों में जाना जाता है। इन समूहों में कल्याणकारी और फलदायक देवियों के साथ-साथ अपकारी और दुराशयी देवियाँ भी मिलती हैं। हालाँकि इन देवियों का उल्लेख पुराणों में भी मिलता है, उनकी प्रकृति और स्वभाव पर तन्त्र साहित्य में विस्तार से चर्चा है, जो प्रकृति, लैंगिकता और हिंसा की अपेक्षाकृत गहरी समझ उद्घाटित करता है।

इन देवियों में वन्य और अनुकूलित स्थानों से जुड़ी लोक देवियाँ समाहित हैं और इन्हें धीरे-धीरे पौराणिक और तान्त्रिक, यहाँ तक कि बौद्ध साहित्य में भी समाहित कर लिया गया। 'महाभारत' में हम शिव के बेटे स्कन्द को ऐसी ही उद्दाम देवियों के एक समूह को यह बताते हुए सुनते हैं कि अगर उनकी पूजा या आदर नहीं होता तो उन्हें गर्भवती स्त्रियों और बच्चों को नुकसान पहुँचाने की छूट है। बौद्ध साहित्य में हम हारिती नामक शिशु-भक्षी प्रेतनी के बारे में सुनते हैं जिसे बुद्ध शिशु-रक्षक प्रेतनी में रूपान्तरित कर देते हैं।

1000 ईसा पूर्व तक काली देवियों के समूह से बाहर आ कर एक स्वतन्त्र देवी के रूप में देखी जाने लगती है। 'कालिका पुराण' में वह देवी का एकदम सटीक, सबसे आदिम प्रतिनिधित्व है। कुछ लोगों ने काली के दूसरे रूपों से इसे

महा-विद्याओं के साथ काली की पोस्टर छवि

अलग करने के लिए इस काली को महा-काली कह कर सम्बोधित किया। दूसरी सभी देवियों से जो बात इसे अलग करती थी, वह थी इसकी नग्नता, इसके खुले बाल, इसकी रक्त-पिपासा, इसकी उद्दाम वासना, इसकी बाहर निकली जीभ और यह कि यह शिव या भैरव के रूप में चिह्नित पुरुष-रूप के ऊपर आरूढ़ दिखती है। या तो इसका एक पैर उस पुरुष पर होता है, या फिर यह उस पर खड़ी या बैठी नज़र आती है। लेकिन वह पुरुष-रूप कोई असुर या राक्षस नहीं है जिसे इसने पराजित किया है। उसे इसके पति के रूप में चिह्नित किया जाता है जिसे वह जागृत करती है। वह देवी है जो उसे भगवान बनाती है।

इस समय तक, जब हिन्दुत्व में विशाल मन्दिर समूहों का उदय दिखायी देता है, देवी को प्रकृति से चिह्नित किया जाने लगता है और काली को प्रकृति के सबसे आदिम रूप से—संस्कृति से पहले और संस्कृति के परे, मनुष्यता के नियमों और मत-मतान्तरों से अप्रभावित। वह शक्ति है—शुद्ध, आदिम, असंस्कारित और तात्विक, पूजा-योग्य भी और भय उपजाने वाली भी। मनुष्य समाज की सृष्टि उसके भीतर होती है; और अन्ततः वह मनुष्य समाज को निगल जाती है।

अक्सर काली को उन काली-सरीखी देवियों से अलग करना मुश्किल हो जाता है, जो पौराणिक और तान्त्रिक साहित्य में मिलती हैं। वे एक ही सिलसिले की कड़ियाँ जान पड़ती हैं।

भैरवी को अक्सर काली से जोड़ा जाता है। लेकिन जहाँ काली को शिव पर खड़े या बैठे दिखाया जाता है, भैरवी और शिव जोड़े के रूप में दिखाये जाते हैं, या तो श्मशानों में या वनों में भटकते हुए। शिव को भैरव कहते हैं। युग्म यानी जोड़े के रूप में वे हिंसा, ऐन्द्रिकता, यौन-भावना और सामाजिक स्वीकृति के प्रति उदासीनता का आह्वान करते हैं। उनकी प्रतिमाएँ जैन मन्दिरों की दीवारों पर भी पायी जाती हैं जो उनकी लोकप्रियता का प्रमाण है। दक्षिण में भैरव को अक्सर एक मनुष्य का सिर थामे दिखाया गया है। कहा जाता है कि यह ब्रह्मा का सिर है, जिन्होंने भैरवी पर यौन अधिकार जमाने का दुस्साहस किया था। कुछ कथाओं में आता है कि यह

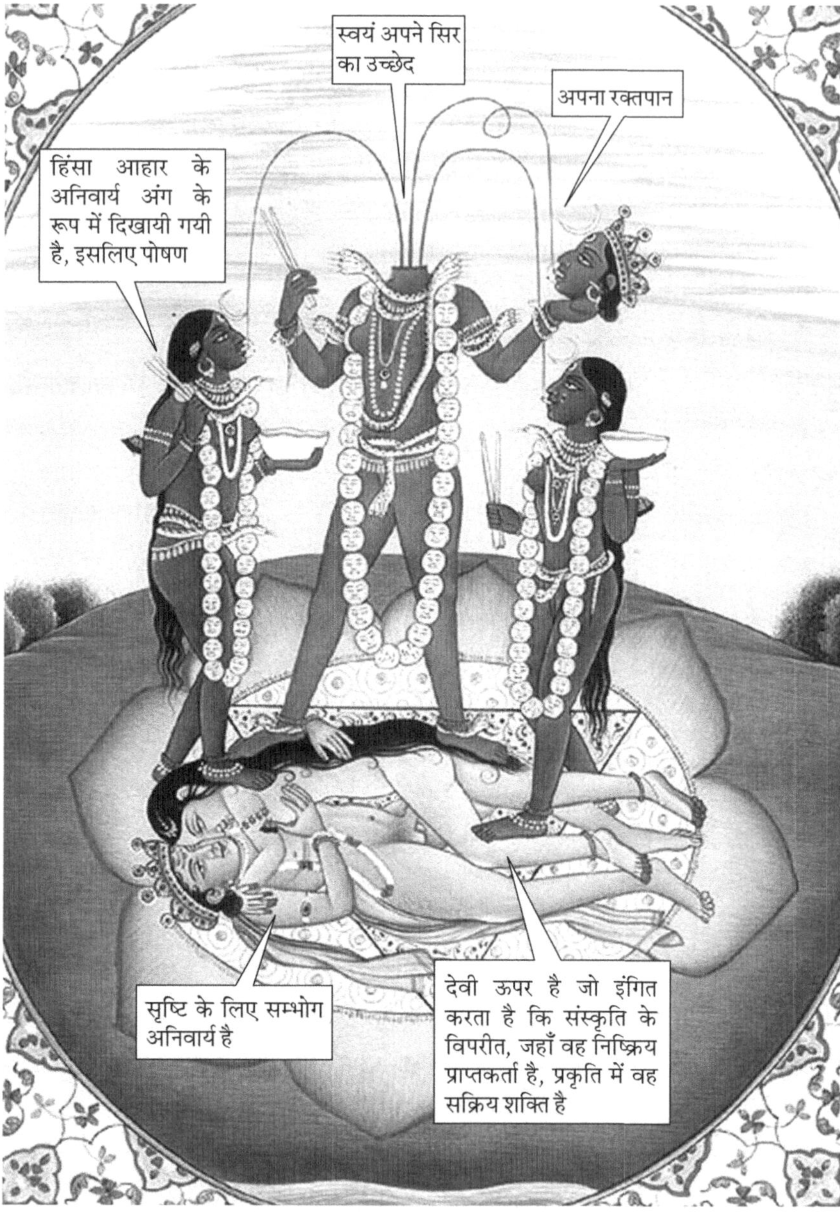

छिन्न-मस्तिका का लघु चित्र

सिर धरती पर नहीं रखा जा सकता और इसलिए भैरव और भैरवी बारी-बारी से उसे उठाये रखते हैं; जब वे थक जाने पर उसे धरती पर रख देते हैं तो सृष्टि का अन्त हो जाता है।

छिन्न-मस्तिका का मतलब है जिसका सिर काट दिया गया है। वह अपना सिर खुद ही काट देती है और यह कटा हुआ सिर उसी की गर्दन से निकलते रक्त को पीता है। इस तरह वह खुद को मारती और खुद को पोषित करती है—प्रकृति के उस पहलू का प्रतिनिधित्व करती हुई, जहाँ शिकार इसलिए मारा जाता है ताकि शिकारी का पेट भर सके। इस तरह प्रकृति में हिंसा आहार बन जाती है और जीवन को बचाये रखने के काम आती है। छिन्न-मस्तिका सम्भोग-रत काम और रति पर भी बैठी दिखायी गयी है। यहाँ स्त्री हमेशा पुरुष के ऊपर होती है—यह इंगित करते हुए कि वह निष्क्रिय नहीं है, सिर्फ पुरुष के आवेग की प्राप्तकर्ता नहीं है, बल्कि सम्भोग में पहलकदमी करने वाली, सक्रिय सहयोगी है। यहाँ सम्भोग प्रजनन से सम्बद्ध है, आनन्द से उतना नहीं, ताकि जीवन-चक्र चलता रहे। इस तरह, प्रकृति में यौन-क्रिया प्रजनन-कारक बन जाती है और जीवन की रक्षा में सहयोग देती है।

तारा काली से अलग नहीं की जा सकती, हालाँकि तान्त्रिक साहित्य में दोनों को अलग-अलग नाम दिये गये हैं। वह बौद्ध देवी भी है और ब्राह्मण देवी भी। बौद्ध धर्म की तारा बुद्ध में करुणा उत्पन्न करती है और उन्हें बोधिसत्व में रूपान्तरित कर देती है जो लोगों को दुखों के सागर से बाहर निकालने के लिए अपने मोक्ष को स्थगित कर देते हैं। इसी तरह, हिन्दू पौराणिक कथाओं की तारा शिव में करुणा जागृत करके उन्हें एक सहृदय गृहस्थ में बदल देती है। बंगाल और उड़ीसा में कुछ लोग तारा को काली के अधिक कोमल और करुणामय रूप में चिह्नित करते हैं, जिससे भयभीत होने की ज़रूरत नहीं है और जिसका आह्वान सिर्फ तपस्वियों द्वारा ही नहीं बल्कि गृहस्थों द्वारा भी किया जा सकता है।

चामुण्डा के लम्बे, दुबले शरीर के कारण उसे काली से अलग करके देखा जा सकता है। वह अपनी कृश काया के साथ, अपने नाभि-स्थान पर एक बिच्छू को धारण किये, शव या शवों के समूह पर बैठी चित्रित की जाती है। लगता है कि इस रूप ने अपने में क्षय और सूखे को समाहित किया हुआ है। उसका सम्बन्ध युद्ध

चामुण्डा की प्रस्तर प्रतिमा

या किसी महामारी के बाद शवों को खाते कुत्तों से जोड़ा जाता है। वह हताशा और वेदना जगाती है।

जैसे-जैसे शिव, विष्णु और देवी को प्रतिष्ठापित करने के लिए मन्दिर बनने लगे, हिन्दुत्व के इन तीन दिव्य रूपों के बीच सम्बन्ध स्थापित करना अनिवार्य हो गया। शिव के तपस्वी स्वभाव ने उन्हें काली के उद्दाम रूपों से सम्बद्ध कर दिया। अगर वह प्रकृति थी, मन-मस्तिष्क से उदासीन, तब वे पुरुष थे, प्रकृति से स्वतन्त्र मन-मस्तिष्क का प्रतिनिधित्व करने वाले।

अधिक पौरुषपूर्ण शैव साहित्य में प्रकृति को निष्क्रिय, यहाँ तक कि अधीन रूप में देखा गया है। ब्रह्मा और अन्य देवों के अनुरोध पर शिव काली को वश में करते हैं, उसे अनुकूल बनाते हैं। और यों हमें कथाएँ मिलती हैं कि कैसे शिव काली के साथ एक नृत्य प्रतियोगिता में भाग लेते हैं और ऐसी मुद्राएँ बना कर उस पर विजयी होते हैं जिन्हें काली लज्जा के मारे नहीं बना पाती। ऐसी कहानियाँ भी हैं, जहाँ एक सुन्दर युवक या भोले बालक का रूप ले कर शिव काली के अन्दर विवाह और मातृत्व की भावनाएँ जगा कर काली को बाँध लेते हैं इस साहित्य में दूसरे का अस्तित्व नहीं है। प्रकृति विशेष रूप से, और अन्य सभी जीव सामान्य रूप से, विषय के इर्द-गिर्द वस्तुएँ ही हैं। हरेक को और हर चीज़ को नियन्त्रित करने की ज़रूरत है।

लेकिन अधिक स्त्री-उन्मुख शाक्त साहित्यों में प्रकृति सक्रिय है। काली चाहती है कि मानवता के भले के लिए शिव उसकी ओर ध्यान दें। उदासीन, वे शव से भिन्न नहीं हैं। अधिक स्थूल तान्त्रिक बिम्बों में काली सिर्फ शिव पर पैर ही नहीं रखती, वह उनके साथ सम्भोग की इच्छा से उनके शरीर पर बैठती है। उसके साथ समागम से ही वे शिव में रूपान्तरित होते हैं। काली शिव की देह पर बैठती है और धीरे-धीरे नरमी से उन्हें जागृत करके इस बात के लिए मनाती है कि वे उसके साथ प्रणय-क्रीड़ा करें, उसकी इच्छाओं को स्वीकार करें और उसे सन्तुष्ट करें। वह अदृश्य रहने से इनकार करती है। यह साहित्य मनुष्य की चेतना को, सम्वेदनशील और

नर्तन की मुद्रा में शिव की कांस्य-प्रतिमा

लज्जा-गौरी की प्रस्तर प्रतिमा

कल्याणकारी होने की मानवीय क्षमता को, दूसरों पर ध्यान देने की क्षमता को जगाता है। यहाँ प्रकृति भी विषय है जैसे विषय के इर्द-गिर्द दूसरे भी हैं। हरेक जीव और हर वस्तु की एक आत्मा है जिसका सम्मान किया जाना है।

शैव और शाक्त साहित्य, दोनों में इस का वर्णन आता है कि कैसे ऋषि-मुनि अचानक वहाँ आ जाते हैं जहाँ शिव और शक्ति प्रणय-लीला में लीन हैं। इसके बाद जो होता है, उसके दो प्रारूप हैं।

एक प्रारूप में देवी लज्जा से अपने मुख को कमल के फूल से ढक लेती है। शिव नहीं रुकते और इसलिए ऋषि घोषित करते हैं कि शिव की पूजा केवल प्रतीक रूप में होनी चाहिए, कभी मानवीय रूप में नहीं। यह कथा लज्जा-गौरी के नाम की व्याख्या करती है, जो पुरुष नृतत्वशास्त्रियों और पुरातत्वशास्त्रियों ने मिट्टी से बनी देवी की उन प्रतिमाओं को दिया है जो भारत भर में खेतों में पायी जाती हैं, जिनमें देवी इस तरह टाँगें फैलाये लेटी है मानो प्रेमी से समागम करने जा रही हो या सन्तान को जनने जा रही हो। इन प्रतिमाओं में देवी के मुख की जगह कमल का फूल होता है। इससे यह भी पता चलता है कि शिव की पूजा योनि में स्थापित लिंग के रूप में क्यों होती है, बिरले ही मानवीय रूप में।

दूसरे प्रारूप में देवी लज्जित नहीं होती। वह बस अपनी जीभ बाहर निकाल देती है या तो उनके तिरस्कार को चुनौती देने के लिए या फिर ठिठोली में—इस बात पर मुदित कि वे प्रकृति को जाँचने, उसका गुण-दोष-विवेचन करने की चेष्टा कर रहे हैं, क्योंकि वह तो प्रकृति है, मानवीय मत-मतान्तरों से परे और उनसे अप्रभावित। यहाँ काली की जीभ एक प्रतीक है जो मनुष्यों के दृष्टिकोण की सीमाओं और उनकी मान्यताओं का उपहास करती है। वह हमें याद कराती है कि प्रकृति सर्वोपरि है। प्रकृति में यौन और हिंसा, दोनों, यह सुनिश्चित करते हैं कि योग्य ही जीवित बचता है। मानवीय दृष्टि सम्भोग और हिंसा को नैतिक और सौन्दर्यपरक आधारों पर जाँचती है। मगर इसके बावजूद मनुष्यों के पास बचे रहने के लिए यौन और हिंसा के आगे समर्पण करने के अलावा और कोई चारा नहीं है।

कथा के ये दोनों रूप यौन और कामुकता के बारे में उन परस्पर विरोधी रवैयों को द्योतित करते हैं जो उत्तर-बुद्ध काल में उभर कर सामने आये, जब आश्रम और मठ-व्यवस्था का महत्त्व बढ़ता चला गया। इसी से मिलते-जुलते ढंग में हमें बंगाल

भद्र काली जिसका दायाँ पैर शिव पर है

श्मशान काली जिसका बायाँ पैर शिव पर है

में काली के दो रूप मिलते हैं। एक वह जिसमें काली शिव पर अपना बायाँ पैर रख कर खड़ी है और उसने अपने दायें हाथ में हसिया उठाया हुआ है और दूसरा वह, जिसमें वह शिव पर अपना दायाँ पैर रख कर खड़ी है और उसने हसिये को बायें हाथ में उठा रखा है, पहले रूप को अधिक भयानक माना जाता है और उसे 'श्मशान काली' कहा जाता है, दूसरे रूप को सांस्कृतिक मूल्यों और नियमों के प्रति अधिक अनुकूल मानते हुए 'भद्र काली' कहा गया है—काली, जो उदार है, अधिक नम्र है। भद्र काली को करुणामयी बौद्ध देवी से जोड़ते हुए, तारा भी कहते हैं। श्मशान काली प्रकृति है जो अन्ततः मानवता को निगल जाती है। भद्र काली प्रकृति का वह रूप है जो मानवीय कमियों और कमजोरियों के प्रति अधिक उदार है। श्मशान काली उग्र और उन्मुक्त है, बस के बाहर, संस्कारित होने, सभ्य बनाये जाने के परे। भद्र काली गृहस्थ, घरेलू जीवन की सीमाओं से निपटने के लिए शक्ति देती है।

काली-कुल तन्त्र में—यानी काली के गिर्द केन्द्रित तान्त्रिक पूजा में—कामुकता का सम्बन्ध वासना या विध्वंस नहीं है, बल्कि अपने सबसे गहरे भयों का सामना करने से, उनसे उन्मुख होने से है। माँग यह है कि काली की कृपा का आकांक्षी उन सामाजिक ढाँचों से, विधि-निषेधों से, प्रथाओं और विश्वासों से मुक्त हो जाये जो उसे सुरक्षा प्रदान करते हैं। अगर वह ऐसा कर पाता है तो वह वीर बन जाता है। भयों का सामना करने से झटका खा कर वीर बुद्धिमान बनता है। काली से एक मुठभेड़ ने एक मूर्ख को भारत के एक महान कवि कालीदास में बदल दिया, जो गुप्त काल में लगभग पाँचवीं सदी ईस्वी में हुए और जिन्होंने विधि-निषेधों से भरी दुनिया में विस्तार से उन्मुक्त प्रेम और लालसा पर लिखा। ऐसी मुठभेड़ वीर को रस-सिद्ध में भी रूपान्तरित कर सकती है—वह जो रसायन के भेद जानता है। इसीलिए काली नाथ सम्प्रदाय की भी आराध्य देवी थी, जो मठ-व्यवस्था पर आधारित एक सम्प्रदाय था। यह सम्प्रदाय दसवीं शताब्दी के आस-पास शुरू हुआ था और विचरण करने वाले जोगियों से बना था जो मत्स्येन्द्र-नाथ और गोरख-नाथ जैसे ज्ञानी और शक्तिशाली गुरुओं की सेवा करते थे। इसी तरह कहा जाता है कि सोलहवीं सदी के विजयनगर साम्राज्य के कृष्णदेव राय का एक राज विदूषक था तेनाली रामन जिसे अपना ज्ञान काली के दर्शन से भयभीत होने की बजाय उससे मुदित होने के कारण मिला था।

केओंझार (उड़ीसा) में देवी के एक स्थानीय रूप तारिणी का पोस्टर

चूंकि काली का सम्बन्ध शिव से था, इसलिए उसे शिव के प्रतिद्वन्द्वी विष्णु से सम्बद्ध नहीं किया जा सकता था। 'भागवत पुराण' में एक कथा आयी है जहाँ विष्णु कृष्ण के रूप में काली-सरीखी देवी से लड़ते हैं जब वह शिव-भक्त बाण की रक्षा कर रही होती हैं, जिसकी बेटी उषा कृष्ण के सुन्दर पौत्र अनिरुद्ध पर मुग्ध हो कर उसका अपहरण कर लेती है।

तिस पर भी विष्णु के लोकप्रिय अवतार—कृष्ण—से जो पात्र सबसे निकट से जुड़ा है उसमें रूप की दृष्टि से नहीं, लेकिन विचारों के लिहाज से काली की तमाम विशेषताएँ हैं। उसका नाम राधा है।

बारहवीं सदी में और उससे आगे, प्राकृत भाषा की रचनाओं के माध्यम से राधा हिन्दू कल्पनाओं में प्रकट होने लगती है। लेकिन उसकी लोकप्रियता तेरहवीं सदी में रचे गये संस्कृत भाषा के काव्य 'गीत गोविन्द' पर आधारित है जो विस्तार और अन्तरंगता से कृष्ण के साथ राधा की रात्रिकालीन और छिपी हुई प्रणय-लीला का वर्णन करता है। कृष्ण के प्रेम में मुग्ध गोपियों का घर छोड़ कर आधी रात के समय नदी तट पर आ कर वन में बाँसुरी की धुन पर कृष्ण के चारों तरफ नाचना राधा के आने से पहले से ही एक प्रचलित परम्परा या विचार था। 'भागवत पुराण' में, जिसे बारहवीं सदी का बताया जाता है, राधा का कोई उल्लेख नहीं है, लेकिन रास-लीला का वर्णन है जो विभिन्न भावों को जागृत करने के लिए की जाती है, जैसे भक्ति, श्रृंगार, माधुर्य और विरह, आदि। जब राधा प्रकट होती है तो एक नया रस उत्पन्न होता है।

गोपियों के विपरीत जिनमें अधीनता का भाव रहता है और जिन्हें अधिकार जताने पर झिड़का भी जाता है, राधा आग्रह करती है, दावा करती है, अधिकार जताती है। वह कृष्ण से लड़ती-झगड़ती है, रूठती है और कृष्ण उसे मनाने की भरसक कोशिश करते हैं—कभी-कभी उसके कपड़े भी पहन लेते हैं और पैरों पर भी गिर पड़ते हैं। शुरू की कृतियों के आत्म-निर्भर और अपने में सिमटे नायक के विपरीत वे राधा की अनुपस्थिति में उद्विग्न और खोये-खोये-से हो जाते हैं। जब

आलिंगनबद्ध राधा और कृष्ण का लघु चित्र

कर्तव्य पुकारते हैं और कृष्ण को वृन्दावन छोड़ कर मथुरा नगरी जाना पड़ता है, तब गोपियाँ रोती हैं, पर राधा नहीं रोती। कृष्ण वचन देते हैं कि वे लौटेंगे, लेकिन राधा जानती है कि वे वापस नहीं आयेंगे। जब कृष्ण नहीं लौटते और विकल गोपियों को शान्त करने के लिए उद्धव को भेजते हैं तो राधा उद्धव को फटकारती है कि वे उनकी भावनाओं पर लगी चोट और निराशा के लिए बौद्धिक उपाय सुझा रहे हैं : वह नाराज़ और कुण्ठित होने के अधिकार के लिए लड़ती है, पर वह अपने कृष्ण की शिकायत नहीं करती। उसे उनके वापस आने की आशा नहीं है। वह उनकी तुलना मधुमक्खी से करती है जिसका स्वभाव ही है एक फूल से दूसरे फूल पर जाना, लेकिन वह, जो पौधे की डाली से जुड़ा हुआ फूल है, कहीं नहीं जा सकती; उसे तो उनके लिए तड़पना ही है और स्मृतियों और अपूर्ण स्वप्नों में विचरते हुए मुरझाते जाना है और इसी में तृप्ति पानी है। इस तरह राधा सच्चे, बिना-शर्तों वाले सम्पूर्ण प्रेम का साकार रूप बन जाती है।

विद्यापति और चण्डीदास जैसे बाद के कवियों ने कृष्ण के साथ राधा के प्रेम के लोकापवादी पक्ष और अपयशकारी प्रकृति को रेखांकित किया। कुछ गीतों और कविताओं में वह विवाहित बतायी जाती है, दूसरी कविताओं में कृष्ण से उमर में बड़ी और कुछ मौखिक परम्पराओं में कृष्ण की मामी—यशोदा के भाई की पत्नी। यह बात समाज की सभी पाबन्दियों को लाँघते हुए, इस सम्बन्ध को परकीया प्रेम की कोटि में ले आती है, पीढ़ियों की सीमा को तोड़ते हुए उसे वर्जित सम्बन्धों के दायरे में भी रख देती है। यह इस सम्बन्ध की प्रकृति को काफी-कुछ तान्त्रिक अन्तर्वस्तु प्रदान कर देता है।

ऐसा नहीं था कि सीमाओं के इस उल्लंघन से सब खुश रहे हों। भीषण विवाद भी उठे कि राधा परकीया थी, दूसरे की पत्नी थी या स्वकीया थी, सिर्फ कृष्ण की थी। लोक परम्पराएँ और क्षेत्रीय साहित्य को इसमें कोई आपत्ति-योग्य बात नहीं लगती थी कि राधा दूसरे पुरुष से विवाहित थी, लेकिन 'ब्रह्मवैवर्त' जैसे बाद के पुराणों में लगातार और कटिबद्ध प्रयास हुए कि राधा और कृष्ण आदिम जीव के दो आधे-आधे हिस्से हैं, स्वर्ग में विवाहित मगर धरती पर एक-दूसरे से बिछुड़े हुए। यह सभी तान्त्रिक मामलों से उस असहजता को इंगित करता है जो समाज की मुख्यधारा में अनुभव की जाती है और राधा का उल्लेख करते हुए इशारा काली की

मधुवन में राधा और कृष्ण का लघु चित्र

ओर करता है, भले ही राधा पूरी तरह कपड़ों से ढकी होती है।

यह गौर करना दिलचस्प है कि राधा एक विचार के रूप में इस्लाम के आने के बाद उभर कर सामने आती है, जिसे उस कारण के रूप में चिह्नित किया गया है कि क्यों भारतीय औरतों ने, खास तौर पर देश के उत्तरी भाग में, घूँघट और पर्दा करना शुरू कर दिया। उत्तरोत्तर रूढ़िवादी होती जा रही मानसिकता को सन्तुष्ट करने के लिए तान्त्रिक मूर्ति-कला का प्रदर्शन करने वाले मन्दिरों को ध्वस्त कर दिया गया। इसके बावजूद, राधा पर्दे के बाहर प्रकट होती है, प्रचलित मान्यताओं को चुनौती देती हुई, अन्तःपुर और आँगन को छोड़ कर, गाँव के ढाँचों और ऊँच-नीच के प्रभाव-क्षेत्र के बाहर, वन में कृष्ण के संग केलि करने के लिए।

राधा की अवधारणा प्रमुख रूप से गंगा के मैदानों में फली-फूली। लेकिन वह उड़ीसा, बंगाल और असम के पूर्वी क्षेत्रों में उभरी जो तन्त्र और काली पूजा के पुराने प्रमुख केन्द्र थे। 'गीत गोविन्द' लिखने वाले जयदेव पुरी (उड़ीसा) के जगन्नाथ मन्दिर के पास रहा करते थे अपनी नर्तकियों के लिए प्रसिद्ध था जो किसी एक व्यक्ति से सम्बद्ध न हो कर मन्दिर को समर्पित थीं।

आगे चल कर कृष्ण के प्रति राधा का उत्कट प्रेम चैतन्य के भक्ति आन्दोलन में इतनी प्रमुखता प्राप्त कर लेने वाला था कि मर्द भी, कृष्ण को एकमात्र सच्चा और पूर्ण पुरुष मानते हुए, राधा के रूप में अपनी पहचान स्थापित करने लगे। प्रेम की मनोवैज्ञानिक तीव्रता ने दैहिक रूप नहीं ग्रहण किया; सच तो यह था, कि बंगाल में चैतन्य और असम में शंकरदेव कृष्ण के सच्चे प्रेम से उपजने वाले संयम और ब्रह्मचर्य का बराबर गुणगान करते रहे। इस तरह, प्रकट और प्रबल तान्त्रिक परम्पराओं को नरम और मद्धिम किया गया; तो भी, सामाजिक मान्यताओं और विधि-निषेधों के प्रति उदासीन काली की अवधारणा मन-मस्तिष्क में बची रह गयी।

पन्द्रहवीं सदी तक आते-आते, क्षेत्रीय भाषाओं में लिखी गयी 'रामायण' और 'महाभारत' सीता और द्रौपदी जैसी अपनी नायिकाओं को, जिनके साथ अन्याय हुआ, काली के साथ सम्बद्ध करने लगती हैं। 'अद्भुत रामायण' में जहाँ राम रावण का वध करते हैं जिसके दस सिर हैं, सीता ऐसे रावण को मारने में सफल होती है जिसके सौ सिर हैं। 'तमिल महाभारत' में द्रौपदी अपने पतियों—पाँच पाण्डवों—से निराश होने के कारण रात के समय काली में रूपान्तरित हो कर वन में नग्न

शाक्त सम्प्रदाय के उदय को चित्रित करता लघु चित्र

भागती-फिरती है, हाथी और भैंसे खाती हुई। यह द्रौपदी का काली वाला पक्ष है जो उसे यह प्रण करने के लिए विवश करता है कि वह अपने केश उन पुरुषों के रक्त से धोयेगी जिन्होंने उसके साथ दुर्व्यवहार किया। वास्तव में, इन परम्पराओं में कथा यह है कि विष्णु परशुराम, राम और कृष्ण जैसे अपने कई अवतार सिर्फ इसीलिए लेते हैं ताकि वे काली की रक्त-पिपासा शान्त कर सकें, जो उन लोगों का रक्त पीना चाहती है जो उसके साथ अनादरपूर्ण व्यवहार करते हैं।

हालाँकि बहुत-से लोग तान्त्रिक अनुष्ठानों से परिचित थे, जिनमें काली की केन्द्रीय भूमिका थी, और तान्त्रिक प्रतीक भारत भर के गाँवों में पाये जाते थे, इन अनुष्ठानों और प्रतीकों का अर्थ और अभिप्राय गोपनीय और रहस्यमय ही बना रहा। वे उन्हीं गिने-चुने लोगों को मालूम रहे जो तन्त्र के रहस्यों में डूबे हुए थे, वे लोग जो अपनी समझ और ज्ञान को आम लोगों के साथ किसी अर्थपूर्ण ढंग से बाँटने में असमर्थ या अनिच्छुक थे, और जो इन रहस्यों को केवल गम्भीर शिष्यों और साथी तान्त्रिकों को ही देते थे। इस तरह समय ही की बात थी कि तन्त्र से काली के सम्बन्ध का यह नतीजा हुआ कि वह सांस्कृतिक नियमों और प्रचलन के बाहर स्थापित कर दी गयी जहाँ नैतिकता और आचार-व्यवहार के नियम लागू नहीं होते थे। निषेधकारी शक्ति के स्थान पर वह एक निषिद्ध शक्ति बन गयी।

ऐसी कहानियाँ भी हैं, जैसी ग्यारहवीं सदी में रचे गये ग्रन्थ 'कथा-सरित्सागर' में मिलती हैं, जहाँ ओझा और चोर रात के समय श्मशानों में काली का आह्वान करते हुए उससे शक्तियाँ प्राप्त करने के लिए उसे रक्त की बलि देते हैं। मध्यकालीन क्षेत्रीय 'रामायण' में जैसे पन्द्रहवीं सदी में लिखी गयी 'अद्भुत रामायण' में हमें पाताल के स्वामी और महा-मायावी महिरावण की कथा मिलती है, जो रावण द्वारा उकसाये जाने पर राम को हिंसक और कामुक काली की बलि चढ़ाने की कोशिश करता है, लेकिन सौम्य और ब्रह्मचारी हनुमान द्वारा विफल कर दिया जाता है।

जब सोलहवीं सदी में यूरोपीय लोग भारत आये, वे काली की छवि से ताल-मेल नहीं बैठा पाये, खास तौर पर उसकी नग्नता और हिंसा के साथ, जो कोमल

ईश्वर की माता की छवि जो यूरोपीय लोगों में प्रचलित थी

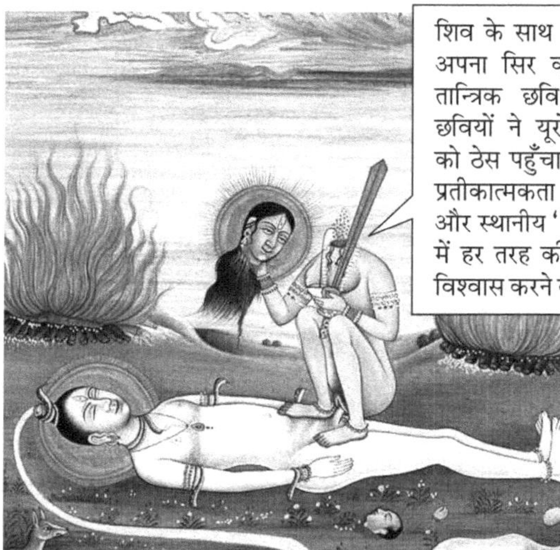

शिव के साथ सम्भोग करते हुए अपना सिर काटती काली की तान्त्रिक छवि; इस तरह की छवियों ने यूरोपीय सम्वेदनाओं को ठेस पहुँचायी जो रहस्यपरक प्रतीकात्मकता से अपरिचित थे और स्थानीय 'जंगलियों' के बारे में हर तरह की खराब बातों पर विश्वास करने को तैयार थे

दो संसारों का संघर्ष

और कुँवारी मेरी और उसके बेटे ईसा से, जिसे वे ईश्वर से सम्बद्ध करके देखते थे, इतनी भिन्न थी। सच तो यह था कि काली उन्हें आतंकित करती थी और उनकी धारणाओं को पुष्ट करती थी कि स्थानीय निवासी जंगली और असभ्य थे। उन्हें विश्वास हो गया कि हिन्दू शैतान-पूजक थे और मानव-बलि भी देते थे। इन धारणाओं को मध्यकालीन संस्कृत कथाओं और नाटकों से और बल मिला जिनमें मायावी लोग जादुई शक्तियाँ प्राप्त करने के लिए पुरुषों को यहाँ तक कि स्त्रियों को भी काली की बलि चढ़ा दिया करते थे। उन्नीसवीं सदी में सेना की सूचनाओं में रहजनी करने वाले समूहों की चर्चा मिली, जिन्हें ठग कहते थे और जो काली की पूजा करते थे और उसके सामने अपने शिकारों की बलि चढ़ा दिया करते थे, ताकि काली उनकी रक्षा करे। 'अस्सी दिन में दुनिया की सैर' जैसे उपन्यासों ने जंगली असभ्य देसी लोगों की असभ्य देवी—काली—की इस छवि को और गहरा ही किया। इस सब ने उपनिवेशवाद को गोरी जाति का बोझ बताते हुए, इस आधार पर उचित ठहराया कि वह इन देसी असभ्य लोगों को सभ्य बनाने का काम कर रहा था।

आज विद्वान इस बात पर सन्देह प्रकट करते हैं कि इस तरह के हत्यारे डकैतों का कोई समुदाय या सम्प्रदाय सचमुच था भी या नहीं या वह सिर्फ अत्यधिक सक्रिय उपनिवेशवादी मानसिकता की कल्पना की उपज था, जो उन लोगों के बारे में खराब-से-खराब बातें सोचने के लिए उत्सुक थी जिन्हें वे ज़बरदस्ती अपने अधीन करना चाहते थे। सारी सम्भावना यही है कि 'ठग' बदनाम डकैत थे जो धार्मिक सिद्धान्तों की बजाय गरीबी के कारण चोरी-रहजनी पर मजबूर हुए थे और काली की पूजा उसी तरह करते थे जैसे उनके चारों तरफ के लोग। लेकिन एक हत्यारे कबीले की छवि की छाप इतनी गहरी पड़ी कि आज भी वह हॉलीवुड ('इण्डियाना जोन्स ऐण्ड द टेम्पल ऑफ डूम', 1984) में ही नहीं, बॉलीवुड में भी ('संघर्ष', 1968) किस्से-कहानियों की प्रेरणा बनती रही है।

औपनिवेशिक दृष्टि ने हिन्दुस्तान के निवासियों में झेंप और लज्जा की भावनाएँ पैदा की थीं, खासकर बंगाल के सम्पन्न वर्ग के नौजवानों में जो अब अंग्रेज़ी स्कूलों में शिक्षा प्राप्त कर रहे थे और यूरोपीय विचारों के सम्पर्क में आ रहे थे। उन्होंने काली की छवि को नये और भिन्न ढंग से पुनर्कल्पित किया।

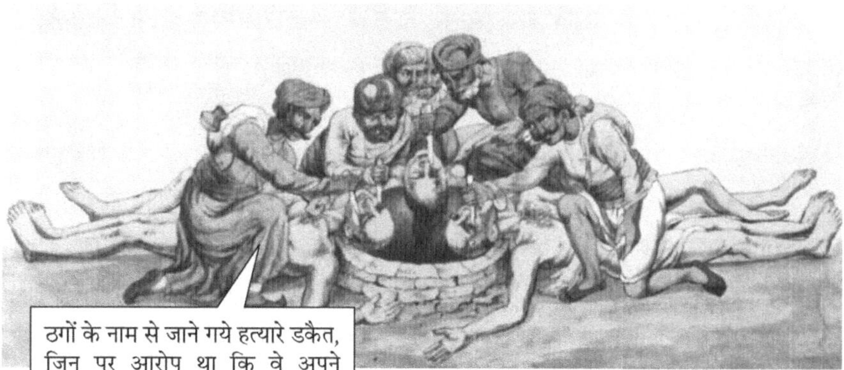

ठगों के नाम से जाने गये हत्यारे डकैत, जिन पर आरोप था कि वे अपने शिकारों को काली की पिपासा शान्त करने के लिए बलि चढ़ा देते थे

'सिन्दबाद की स्वर्णिम यात्रा' नामक हॉलीवुड की फिल्म में काली

औपनिवेशिक काल और उसके बाद पश्चिम ने काली को किस तरह देखा

अट्ठारहवीं सदी में काली भक्ति का पात्र बनने लगी। उसने रामप्रसाद सेन जैसे कवियों को प्रेरित किया और इससे गीत-संगीत की एक नयी विधा विकसित हुई जिसका नाम था श्यामा संगीत। श्यामा काली के बहुत-से नामों में से एक है। यहाँ काली को शक्ति के सन्दर्भ में कम और प्रेम के सन्दर्भ में अधिक देखा गया। उसके भयानक रूप के बावजूद, जो आतंक और घृणा पैदा करता है, उसे स्नेहशील माता के रूप में सम्बोधित किया गया, जो अपनी असहाय सन्तान को उच्चतम ज्ञान सबसे अनोखे ढंग से प्रदान करती है : उन्हें भौतिक आनन्द से वंचित करके जीवन और अस्तित्व के भयों से उनका सामना कराके। यही वह काली है, जिसकी तरफ विवेकानन्द और उनके गुरु रामकृष्ण परमहंस इशारा करते हैं। काली के प्रति यह भक्ति उस व्यापक भक्ति आन्दोलन का एक हिस्सा थी, जो तेरहवीं सदी के बाद से भारत में फैलता चला गया, पर वह अधिकतर शिव और विष्णु के गिर्द केन्द्रित था। बंगाली भक्ति साहित्य में एक स्नेहशील माँ के रूप में काली का रूपान्तरण, जो उसके आतंककारी रूप के अस्वीकार में विकसित हुआ जान पड़ता है, एक स्तर पर औपनिवेशिक स्वामियों की अरुचि और तिरस्कार-भरी दृष्टि को शान्त करने का प्रयास तो इंगित करता ही है। एक अन्य स्तर पर शायद यह मानवीय पीड़ा की सफाई देने और उसे समझाने की इच्छा का परिणाम भी लगता है—जैसे 1770 का बंगाल का अकाल जो ईस्ट इण्डिया कम्पनी की अनुचित और अत्यधिक कर उगाहने वाली नीतियों का नतीजा था और जिसमें एक करोड़ लोगों की जानें गयी थीं।

श्यामा संगीत की परम्परा में काली की निकली हुई जीभ के बारे में एक बहुत ही भिन्न कथा उभरी। कहा गया कि असुरों का संहार करने के बाद असुरों के रक्त के नशे में काली मार-काट के उन्माद से ग्रस्त हो जाती है। आतंकित हो कर संसार के सभी प्राणी शिव से विनती करते हैं कि वे उसे रोकें। सो, शिव अपने शरीर को काली के रास्ते में धरती पर डाल देते हैं। काली उन पर पैर रख देती है और यह एहसास होते ही कि उसने अपने पति पर पैर रख दिया है, वह इतना लज्जित होती है कि वह अपनी जीभ काट लेती है। इससे काली की बाहर को निकली जीभ लज्जा की निशानी बन जाती है, क्योंकि परम्परागत हिन्दू परिवारों में किसी को अपने पैरों से छू देना अनादर का चिह्न समझा जाता है, विशेष रूप से पति को जो परमेश्वर माना जाता है। यह कथा पितृसत्ता से रंजित है। वह काली के रूप और व्यवहार को

औपनिवेशिक काल में भारतीयों ने काली को किस रूप में देखा

काली को देखने के दो तरीके

अतिचार और सुसंस्कृत नारियों के लिए अनुचित मानती है। यह रवैया उन लोगों की सम्वेदनाओं के अनुकूल पड़ता था जो पश्चिमी तौर-तरीकों में नये-नये दीक्षित हुए थे।

स्वतन्त्रता संग्राम के शुरू होने पर बहुत-से राष्ट्रवादियों ने काली की छवि के साथ पश्चिमी असहजता को स्वीकार किया। लेकिन उन्होंने उसे एक नया मोड़ दे दिया। बंकिम चन्द्र जैसे लेखकों ने काली की कल्पना भारत माता के रूप में की, दुर्बल और नग्न और कृश और बाल बिखेरे, क्योंकि उसे अंग्रेज़ शासकों ने, जो उसका दमन और शोषण कर रहे थे, दरिद्रता और अभावों में धकेल दिया था।

औपनिवेशिक काल के बाद, नारीवादी आन्दोलन के उभार के साथ, काली विप्लव और क्रान्ति की छवि के साथ जुड़ गयी। अपनी नग्नता में और पुरुष-दृष्टि के आगे समर्पण के अस्वीकार से वह भारत और विदेशों में भी स्त्री-स्वाधीनता का प्रतीक बन गयी। उसे उस उद्दाम स्त्री-ऊर्जा के रूप में देखा गया जैसी वह पितृसत्ता के नियमों के अनुकूल बनने के लिए विवश किये जाने से पहले थी। उसे उस स्त्री-ऊर्जा के रूप में भी देखा गया जो अन्ततः पुरुष-वर्चस्व के ऊपर विजयी होगी।

काली उत्तरोत्तर वैश्विक नव-मूर्तिपूजा और नव-नारीवाद का हिस्सा बनती जा रही है, जो पुरुष-सत्ता से टकराहट की बजाय उसे अपना अंग बनाना चाहती है। उसे स्त्री की पूर्णता और स्वायत्तता का साकार रूप माना जाने लगा है जो अपने को परिभाषित करने के लिए पुरुष की दृष्टि की मुहताज नहीं है। इन आन्दोलनों में स्त्रियों और पुरुषों, दोनों को, सांस्कृतिक अनुकूलन से, पहले से तयशुदा विधि-निषेधों से, अलग हटने, ऊँच-नीच और श्रेणीबद्धता और वैध-अवैध के बारे में पुरुषों की उद्विग्नता से मुक्त होने, प्रकृति की मूल ऊर्जा को फिर से खोजने और जीवन को, जो वह है उसके नाते प्यार करने की कोशिश करनी चाहिए।

3. गौरी का रहस्य

संस्कृति मनुष्य की दृष्टि पर निर्भर है

ब्रह्माण्ड की माता जगदम्बा का कैलेण्डर छापा

मनुष्यता से पहले केवल प्रकृति थी। मनुष्यता के बाद संस्कृति आयी। प्रकृति में केवल योग्य और सक्षम जीवित बचे रहते हैं और इसमें कोई भेद-भाव नहीं होता। संस्कृति में अक्षम भी जीवित बचे रह सकते हैं, लेकिन भेद-भाव भी होता है, कृपा-पात्र होते हैं। काली प्रकृति है, माता : नग्न, बाल बिखेरे। गौरी संस्कृति है, बेटी, बहन या पत्नी : लजीली और कपड़े पहने, केश बाँधे हुए।

हिन्दू पौराणिक कथाओं का विशेष लक्षण है दिमाग पर भारी बल देने की प्रवृत्ति, इसलिए अनुभूत सच्चाइयाँ।

वेदों में कवि विचारता है : पहले क्या आया? पहले कौन आया? जल? वायु? आकाश? किसने उन्हें बनते हुए देखा, उनकी सृष्टि को देखा? कौन यह गवाही दे सकता है कि वे पहले आये? देवता? लेकिन क्या देवता भी मस्तिष्क की सृष्टि हैं? मस्तिष्क से पहले किसका अस्तित्व था? मस्तिष्क की सृष्टि किसने की? क्या हमें कभी पता चल पायेगा?

बाद के वैदिक अंश स्पष्ट रूप से प्रकृति, संस्कृति और ब्रह्माण्ड के बीच अन्तर करते हैं। इन्हीं तीन संसारों में हम निवास करते हैं? लेकिन प्रश्न बना रहता है : पहले क्या आया?

विकास-क्रम वाले जीव-विज्ञानी स्पष्ट रूप से कहते हैं कि पहले प्रकृति आयी, फिर मस्तिष्क आया और उसके बाद ही संस्कृति आयी। पृथ्वी पर जीवन एक खरब साल पहले शुरू हुआ, लेकिन मनुष्य का दिमाग सिर्फ दस लाख साल पहले विकसित हुआ; भाषा—इसलिए संस्कृति—को प्रकट हुए अभी पचास हज़ार से भी कम साल हुए हैं। इस तरह पहले प्रकृति आयी, फिर ब्रह्मा (मानवता), फिर ब्रह्माण्ड (ब्रह्मा के विचार का अण्डा), फिर संस्कृति। लेकिन मानवता खुद को छलावा देती है कि ब्रह्मा ने पहले प्रकृति बनायी, फिर संस्कृति।

ये विचार कथा और वर्णन के रूप में पुराणों में व्यक्त किये गये। इन कथाओं

मानवता की पुत्री बालम्बिका का कैलेण्डर छापा

में पुरुष-रूप मस्तिष्क के लिए इस्तेमाल होता है और स्त्री-रूप चारों ओर के भौतिक जगत की व्याख्या के लिए। पुराणों में स्त्री और पुरुष या कहा जाए ईश्वर और देवी के आपसी सम्बन्ध, संसार पर मस्तिष्क की और मस्तिष्क पर संसार की छाप को व्याख्यायित करने के लिए, उसे समझाने के लिए एक रूपक की तरह प्रयोग किये जाते हैं।

हमें ऐसा मानने के लिए तैयार किया गया है कि मस्तिष्क पदार्थ से ऊँची चीज़ है, इसीलिए पुरुष-रूप को मस्तिष्क और स्त्री-रूप को पदार्थ के साथ सम्बद्ध करना लिंग-भेद का एक और मामला जान पड़ता है। लेकिन इस सम्बन्ध को स्थापित करने के पीछे जीव-विज्ञान का ज़्यादा हाथ है। पुरुष की देह मस्तिष्क का प्रतिनिधित्व करने के लिए अधिक उपयुक्त जान पड़ती है, क्योंकि मस्तिष्क खुद को पदार्थ के माध्यम से ही व्यक्त कर सकता है और अपने अस्तित्व की पुष्टि कर सकता है, ठीक वैसे ही जैसे मर्द बच्चे को औरत के माध्यम से ही पैदा कर सकता है। ऐसी हालत में पौराणिक शब्दावली में वीर्य विचार का भौतिक रूप है जो स्त्री (पदार्थ) के माध्यम से सच्चाई (बच्चा) बनता है। जब किसी अप्सरा को देख कर किसी ऋषि का वीर्य स्खलित होता है, तब इसका मतलब यह नहीं होता कि स्त्री ने पुरुष को अपने जाल में फाँस लिया, बल्कि इसका मतलब होता है कि एक शान्त मस्तिष्क अपने चारों ओर के संसार के उकसाने पर विचारोत्तेजित हो उठा है।

यह कहने के बावजूद, प्रतीकों को प्रतीक-रूप में (शिव मस्तिष्क हैं, शक्ति पदार्थ) लेने की बजाय शाब्दिक अर्थों में ग्रहण करना ज़्यादा आसान है। इससे बचना सम्भव नहीं।

पुराणों में वर्णन प्रलय से शुरू होता है—वह समय जब ब्रह्माण्ड विलीन हो जाता है। तब जलराशि के सिवा, जो अनन्तता तक फैली हुई है, कुछ भी नहीं रहता। जलराशि पर विष्णु शेषनाग की शय्या पर निद्रा-लीन हैं। उनकी नींद इतनी गहरी है कि विष्णु को अपना भी बोध नहीं है। विष्णु के इस रूप को नारायण कहते हैं। तभी मधु और कैटभ नामक जुड़वाँ असुर विष्णु के कानों की मैल से पैदा हो कर बाहर निकलते हैं और उपद्रव करने लगते हैं। वे वेदों को चुरा लेते हैं और अत्याचार करने लगते हैं। उनसे छुटकारा किसने दिलाया? देवी योग-निद्रा ने।

लेकिन हमें कैसे पता? क्या वहाँ कोई गवाह था? कौन था गवाह?

योग-माया का पहाड़ी लघु चित्र

वे ब्रह्मा थे—उस कमल से उपजे जो विष्णु की नाभि से उगा था। ब्रह्मा ने मधु और कैटभ का जन्म, उनका वेदों को चुराना, देवी के हाथों उनका मारा जाना, उनकी देहों का टुकड़े-टुकड़े होना और अन्ततः उनके शरीर के अंगों का महाद्वीपों में रूपान्तरण देखा। ब्रह्मा ने योग-निद्रा की महिमा की स्तुति गायी। बस, उन्होंने उन्हें योग-माया कहा।

यहाँ नारायण हमारा निद्रा-लीन मस्तिष्क है, विष्णु हमारा जागृत मस्तिष्क है, ब्रह्मा हमारा अर्द्ध-जागृत मस्तिष्क है। मधु और कैटभ हमारे अर्द्ध-जागृत मस्तिष्क से निकलने वाले विचार हैं। ये हमारे नकारात्मक विचार हैं, इसलिए असुर हैं, जो शब्द आम तौर पर (जो गलत प्रयोग है) प्रेतों और दैत्यों के लिए प्रयोग किया जाता है। सकारात्मक विचारों को देव कहते हैं जो शब्द आम तौर पर (जो गलत प्रयोग है) देवताओं से सम्बद्ध किया जाता है।

इस कथा में देवी प्रकृति है जिसका अस्तित्व तब भी रहता है जब मानवीय बोध नहीं भी होता। वह योग-निद्रा है—प्रकृति, जिसका कोई साक्षी नहीं है। वह योग-माया भी है—प्रकृति, जिसका साक्षी है बोधरहित मस्तिष्क। योग-निद्रा वास्तविकता है लेकिन योग-माया प्रत्यक्ष अनुभूत वास्तविकता है, मानव मस्तिष्क से छन कर आयी हुई। अन्ततः मस्तिष्क को पता चल जायेगा कि अनुभूत वास्तविकता को उसकी ज़रूरत नहीं है, मगर उसे अनुभूत वास्तविकता की ज़रूरत अवश्य है।

इस अनुभूत वास्तविकता का क्या नाम है? उसे आद्या कहते हैं, वह जो आदिम है, आदि में है। उसे शक्ति कहते हैं, वह ऊर्जा जिससे सब की सृष्टि होती है। उसे माया कहते हैं यानी वह सब कुछ जिसे मानवीय दृष्टि परिभाषित और मूल्यांकित करती है। वह माँ—काली—है। वह बेटी—गौरी—भी हो सकती है।

ब्रह्मा, विष्णु और शिव को आम तौर पर स्रष्टा, पालनकर्ता और संहारक के रूप में पहचाना जाता है। पर वे क्या रचते, पालते और ध्वस्त करते हैं?

मान्यता यह है कि वे प्रकृति को रचते, पालते और ध्वस्त करते हैं। लेकिन प्रकृति, यानी देवी, तो स्वयंभू है—आत्म-सृजित, आत्म-पालक और कर्मों के

पुराणों की त्रयी का एक कैलेण्डर छापा

नियमों से प्रचालित-पोषित। जिसकी लगातार रचना, पालन-पोषण और संहार हो रहा है, वह अनुभूत वास्तविकता है, देवी के बहुविध और अस्थायी रूप।

इसीलिए ईश्वर-मस्तिष्क सृष्टि, पालन और संहार के क्रिया-पदों से जुड़ा है। इसके विपरीत, देवी-पदार्थ—लक्ष्मी, दुर्गा और सरस्वती के रूप में—समृद्धि, शक्ति और भाषा के नामों से, संज्ञाओं से, जुड़ा है। ईश्वर-मस्तिष्क प्रकृति को संस्कृति में संगठित करके समृद्धि, शक्ति और भाषा प्राप्त करता है।

जब ब्रह्मा—हमारा जागृत प्रबुद्ध मस्तिष्क—प्रकृति को देखते हैं तो दुखी होते हैं, क्योंकि वह उनकी दृष्टि और उनके दृष्टिकोण और मान्यताओं के प्रति उदासीन है। वे उसे नियन्त्रित करने की कोशिश करते हैं। वे प्रकृति को वशीभूत करके, उसे सभ्य बना कर संस्कृति का सृजन करते हैं। उनके लिए गौरी पुत्री है, जिसे उनकी आज्ञा माननी होगी। उसे नियन्त्रित करके वे उससे सुख और आनन्द प्राप्त करते हैं। यही ब्रह्मा को, स्रष्टा को, पूजा के अयोग्य बना देता है।

इसके विपरीत, शिव अनुभूत वास्तविकता के प्रति उदासीन हैं। वे तपस्वी हैं जो पूरी तरह प्रकृति से विमुख हैं। उनके मस्तिष्क को कोई आभास नहीं है कि प्रकृति क्या है और क्या उसे होना चाहिए। उनका मस्तिष्क विचारों से रहित है, शुद्ध, स्वच्छ है। यही उन्हें संस्कृति का संहारक बनाता है। देवी उनसे विवाह करना चाहती है, चाहती है कि वे आँखें खोलें; वह तपस्वी शिव को, जो विमुख हैं, योगी शंकर में बदलना चाहती है, जो कर्म करने को तैयार हों, ताकि वे उसे ब्रह्मा की परेशान करने वाली दृष्टि से बचा सकें।

शिव हमारी चेतना में इतना गहरे पैठे हुए हैं कि हमें भी इसका आभास नहीं है। जीवन का उद्देश्य उस छिपी हुई सम्भावना को जागृत करना है। जब शिव जाग कर शक्ति को स्वीकार करते हैं तब विष्णु का जन्म होता है।

विष्णु हमारे प्रबुद्ध मस्तिष्क के प्रतीक हैं जो अनुभूत प्रकृति को समझने में समर्थ है। सिर्फ वही काली और गौरी को समझ पाते हैं। वे ब्रह्मा की असुरक्षा की भावनाओं और शिव के महत्त्व को समझते हैं। वे दोनों में सन्तुलन बनाये रखते हैं और इसीलिए संस्कृति के पालक-संरक्षक हैं। उनके लिए देवी बहन है। वह माँ, पत्नी और बेटी भी हो सकती है।

पौराणिक कथाओं का प्रतीकात्मक पाठ समस्याएँ पैदा कर सकता है। आधुनिक

ब्रह्मा मस्तिष्क है जो भयभीत हो कर देवी पर नियन्त्रण चाहता है
स्त्री–रूप संज्ञाओं (ज्ञान, समृद्धि, शक्ति) के साथ सम्बद्ध होते हैं—जो है, चाहे जो किया जाये
पुराणों में शिव के पाँच सिर हैं। ब्रह्मा के भी पाँच सिर हैं, जिनमें से वे एक खो देते हैं और जैसा इस छवि में है, शक्ति के भी पाँच सिर हैं जो सर्वज्ञता का सूचक है
विष्णु वह मस्तिष्क है जो देवी की स्वायत्तता को और उस पर मस्तिष्क की निर्भरता को समझता है
वैदिक परम्परा ने ब्रह्मा को विष्णु की नाभि से उपजता बताया था, जबकि तान्त्रिक परम्परा में शक्ति को शिव की नाभि से उभरता देखा गया
शिव वह मस्तिष्क है जो शव–सरीखा है जब तक कि वह देवी को स्वीकार नहीं करता

कामाख्या का पोस्टर

शैक्षणिक ढर्रा वैज्ञानिक सिद्धान्तों पर आधारित होने के साथ-साथ यूरोपीय-अमरीकी पूर्वाग्रहों से रंजित है जो शाब्दिक, नापे जा सकने वाले, एकमात्र और वस्तुपरक से सुविधा महसूस करते हैं ('यह सबको समझ में आता है, इसलिए सच्चा है')। पुराणों के भारतीय पाठ में अत्यधिक व्यक्तिपरक और विषयगत होने की प्रवृत्ति होती है ('जो तुम्हारे लिए अर्थपूर्ण है, वह दूसरे के लिए निरर्थक हो सकता है और यह ठीक है, क्योंकि सत्य बहुविध है, अनेक है')। इसलिए पाठक की बौद्धिक क्षमता के हिसाब से पाठ-बहुलता की, अनेक पाठों की गुंजाइश है। हर पाठ वैध है।

ब्रह्मा से ज्ञान और वेद आये। यह ज्ञान मन्त्रों के रूप में मौजूद है जिनका पाठ अनुष्ठानों के दौरान होता है, जिन्हें यज्ञ कहा जाता है। इन यज्ञों के बारे में ब्योरे उन ग्रन्थों में संकलित हैं, जिन्हें ब्राह्मण कहते हैं। इन ब्राह्मण पाठों के संरक्षकों को ब्राह्मण कहा जाता था।

ज्ञान के इन वाहकों यानी ब्राह्मणों का वध हिन्दू जगत में सबसे बड़ा अपराध माना जाता था, क्योंकि इसका मतलब था—वैदिक ज्ञान का नष्ट होना जो मानवता को वह शक्ति प्रदान करता था, जिससे प्रकृति को संस्कृति में बदला जा सके। लेकिन हर पुराण शिव और विष्णु, दोनों द्वारा की गयी ब्रह्म-हत्या के पाप का उल्लेख करता है।

'शिव पुराण' में हमें कथा मिलती है कि जब ब्रह्मा की पुत्री ने जन्म लिया तो उसने आदरस्वरूप अपने पिता की परिक्रमा की। लेकिन ब्रह्मा के भीतर उसके लिए कामना जागी। अपने पिता की इन अनुचित कामुक भावनाओं से घृणा करती हुई वह भाग निकली। ब्रह्मा ने उसका पीछा किया। उसकी घृणा से शिव का जन्म हुआ, जिन्होंने ब्रह्मा का सिर काट लिया और ब्रह्म-हत्या-पाप का भारी बोझ अपने ऊपर ले लिया।

'विष्णु पुराण' में हमें पता चलता है कि रावण ने, जो ब्राह्मण था, बिना यह याद किये कि वह दरअसल उसकी बेटी थी जिसे उसने बहुत पहले त्याग दिया था, सीता का अपहरण कर लिया था। राम अन्ततः एक वानर हनुमान की सहायता से उसे

देवी और उसके सेवकों को दर्शाता पोस्टर

परास्त कर देते हैं, जो राम और सीता की सेवा में ब्रह्मचारी बने रहने का फैसला करता है। इस कथा में रावण को ब्रह्मा, राम को विष्णु और हनुमान को शिव के रूप में देखा जा सकता है। जहाँ शिव ब्रह्मा का सिर काटने के लिए क्षमा नहीं माँगते, राम खुद को ब्रह्म-हत्या के पाप से मुक्त करने के लिए तप करते हैं। क्योंकि विष्णु उन भयों और आशंकाओं को समझते हैं जिनकी वजह से रावण वैसा व्यवहार करने को विवश हुआ जैसा उसने किया।

उत्तर भारत में देवी की प्रतिमाओं के अगल-बगल हनुमान (लंगूर-वीर के नाम से भी ख्यात) की प्रतिमा के साथ-साथ पुरुष-मुण्ड थामे बालक-सरीखी शिव (भैरव-बाबा) की प्रतिमा भी मिलती है, जो उस कथा की ओर संकेत है, जिसमें गौरी की ओर कामुक दृष्टि से देखने पर शिव ने ब्रह्मा का सिर काट दिया था।

ब्रह्मा की अनुचित कामुकता की यह कथा शाब्दिक रूप में इस तरह देखी जा सकती है कि वह एक सामाजिक निषेध पर प्रकट बल देती है। इसे ऐतिहासिक रूप में यज्ञ की पुरानी वैदिक संस्कृति के अन्त का एक हवाला भी माना जा सकता है, जिसकी जगह अन्ततः आगे चल कर पूजा की पौराणिक संस्कृति ने ले ली। लेकिन प्रतीकात्मक रूप से देखे जाने पर यह अधिक अर्थपूर्ण है और ब्रह्मा को मानवीय मस्तिष्क के रूप में चिह्नित किया जाता है जो अनुभूत वास्तविकता पर नियन्त्रण पाने की कोशिश करता है। यह प्रतीकात्मक व्याख्या स्पष्ट करती है कि क्यों किसी भी हिन्दू मन्दिर में ब्रह्मा की पूजा नहीं होती।

ब्रह्मा वह मानव मस्तिष्क है, जो दुर्व्यवहार करता है। शिव वह मानव मस्तिष्क है जो इस दुर्व्यवहार को अस्वीकार करता है। विष्णु वह मानव-मस्तिष्क है जो इस दुर्व्यवहार का अनुमोदन नहीं करता, लेकिन उसे समझता है।

क्या है यह दुर्व्यवहार? यह सम्पत्ति को अंगीकार करना है : कि संस्कृति और उसकी सारी सृष्टि मनुष्यों की है। यह मान्यता एक अन्य मान्यता पर टिकी हुई है— कि मानवीय महत्त्व सम्पत्ति पर निर्भर है। तपस्वी शिव इस मान्यता को अस्वीकार कर देते हैं। गृहस्थ विष्णु इस मान्यता के स्रोत को मान्यता सम्बन्धी मानवीय भय में खोजते हैं। हम नहीं जानते हम कौन हैं और हमारे जीवन का उद्देश्य क्या है, इसलिए हम सम्पत्ति-निर्माण और सम्पत्ति-संग्रह में तसल्ली पाते हैं। यही कारण है कि ब्रह्मा ही क्यों देवी पर अधिकार प्राप्त करने की कोशिश करते हैं, जबकि विष्णु और शिव

भयावह देवी भैरवी का लघु चित्र

ऐसा नहीं करते। इसीलिए ब्रह्मा पूजा के अयोग्य हैं और यही कारण है कि ब्राह्मण ग्रन्थों में वर्णित यज्ञ का अनुष्ठान, जो प्रकृति पर मानवीय आधिपत्य स्थापित करने का प्रयास था, त्याग दिया गया और उसकी जगह पूजा ने ले ली, जहाँ मानवता को विष्णु, शिव और देवी की अर्चना करने के लिए प्रोत्साहित किया जाता है।

गौरी को आम तौर पर शिव की पत्नी और हिमालय पर्वत-शृंखला के देवता, पर्वतेश्वर हिमवान की बेटी पार्वती के रूप में जाना जाता है। उसे उमा भी कहते हैं। अपने पूर्व जन्म में वह ब्रह्मा के पुत्र और यज्ञ के अनुष्ठान के संस्थापक दक्ष की बेटी सती थी। पार्वती/उमा गणेश और कार्तिकेय की माँ है। वह गृहस्थाश्रम से जुड़ी हुई है। लोक-परम्परा में और खास तौर पर तमिल मन्दिरों की कथाओं में वह विष्णु की बहन है। दरअसल काली तपस्वी शिव को गृहस्थ बनाती है और इस प्रक्रिया में खुद गौरी के रूप में घरेलू बन जाती है।

यह कथा 'शिव पुराण' में विस्तार से आयी है, जहाँ ब्रह्मा अपने सिर के कटने के बाद महसूस करते हैं कि शिव को पत्नी की ज़रूरत है। यह ठीक है कि वे अपनी बेटी के साथ कुछ बहक गये थे, पर संस्कृति को ठुकराने और स्त्रियों से दूर रहने का कोई कारण नहीं बनता। लिहाजा ब्रह्मा विष्णु से सलाह करते हैं और वे देवी का आह्वान करते हैं जो दक्ष की बेटी के रूप में जन्म ले कर मदद करने का आश्वासन देती है।

दक्ष का सम्बन्ध यज्ञ से है—विनिमय पर आधारित एक अनुष्ठान, जो मानवीय संस्कृति की विशेषता है। पशु विनिमय नहीं करते; जो उन्हें चाहिए होता है, उसे वे झपट लेते हैं। मनुष्य लेन-देन में समर्थ है। विनिमय मानव समाज की बुनियाद है। यज्ञ के दौरान दक्ष देवताओं को बलि देते हैं और बदले में उपहार चाहते हैं। वह उपभोग के लिए दान करते हैं। वह अपनी बेटियाँ उन्हें भेंट करते हैं और देवता बदले में यह सुनिश्चित करते हैं कि प्रकृति दक्ष की सभी भौतिक आवश्यकताओं की पूर्ति करे। दक्ष अपनी सभी बेटियों और दामादों से आज्ञापालन की अपेक्षा रखते हैं, ताकि स्थिरता बनी रहे और सब कुछ पूर्वनिश्चित ढंग से चलता रहे। उन्हें अवज्ञा

देवी का आह्वान करते देवों का लघु चित्र

से भय लगता है, क्योंकि वे सोचते हैं कि उससे वह सारा ढाँचा ढह जायेगा, जो उन्होंने बनाया है।

अवज्ञा से भी अधिक दक्ष को उदासीनता से भय है। तपस्वी उनकी उपेक्षा करते हैं और उनके यज्ञ की परवाह नहीं करते। वे अग्नि से अधिक तप को महत्त्व देते हैं। तप मानसिक ताप है, जो तपस्या से उत्पन्न होता है और ऐसे विचारों को जागृत करता है, जो मनुष्य को ज्ञानी और प्रबुद्ध बनाते हैं, जबकि यज्ञ की अग्नि वस्तुओं को रूपान्तरित करके मनुष्य को समृद्ध और शक्तिशाली बनाती है। दक्ष को तपस्वियों से चिढ़ है।

इसलिए जब दक्ष की सबसे छोटी और प्यारी बेटी—सती—सबसे बड़े तपस्वी—शिव—के प्रति आकर्षित हो जाती है तो इससे दक्ष को बहुत झटका लगता है। जब उसके पिता उसे शिव से विवाह की अनुमति नहीं देते तो सती घर छोड़ देती है और नग्न तपस्वी के पीछे-पीछे चल देती है। सती को सबक सिखाने के लिए दक्ष एक यज्ञ करते हैं जिसमें वह सती और शिव के सिवा अपनी सभी बेटियों और दामादों को बुलाते हैं।

सती, जो अपने पिता जितनी ही हठी है, शिव की चेतावनी के बावजूद कि वह यज्ञ में न जाए, दक्ष के यहाँ आ धमकती है और वैसे ही व्यवहार की माँग करती है, जैसा ससुराल से मायके आयी किसी कन्या के साथ किया जाता है। दक्ष ऐसा कुछ नहीं करते। उलटे वे उसे और उसके पति को बुरा-भला कहते हुए उनका अपमान करते हैं और यह भी बताते हैं कि शिव क्यों यज्ञ में बुलाये जाने के योग्य नहीं हैं। 'वह किसी नियम का पालन नहीं करता। शरीर पर भस्म लपेटे रहता है। विष और मादक पदार्थों का सेवन करता है, उसका कोई परिवार या मित्र नहीं है। अकेला रहता है, वह कुत्तों और प्रेतों के साथ श्मशानों में विचरता है। वह सभ्य समाज के अयोग्य है।'

सती अपने पिता को समझाने की कोशिश करती है कि शिव विद्रोही नहीं हैं, वे तपस्वी हैं। वे अपने महत्त्व को सामाजिक संरचना, नियम और सम्पत्ति के माध्यम से नहीं आँकते जो मनुष्यों की भूख और भय पर पनपती है। वे तपस्या करते हैं और तप के माध्यम से भूख और भय को जीतने की कोशिश करते हैं।

लेकिन दक्ष नहीं सुनते। दक्ष की दृष्टि में, बिना कोई प्रश्न किये, यज्ञ में हिस्सा

सती के आत्म-दाह का कैलेण्डर छापा

यज्ञ को ध्वस्त करती भद्रकाली

लेना ही एकमात्र गुण है। सती अपने पिता को समझाने में विफल होने पर इतना क्रुद्ध हो जाती है कि वह यज्ञ के हवन कुण्ड में जल मरती है। इसके बावजूद यज्ञ चलता रहता है, क्योंकि दक्ष अपनी हठी, अवज्ञाकारी बेटी के आगे झुकने को तैयार नहीं होते।

जब शिव को सती के मरने की खबर मिलती है, तो उनका आम तौर पर शान्त स्वभाव भड़क उठता है। वे रुद्र का रूप ले लेते हैं और अपने केशों की दो जटाएँ उखाड़ कर धरती पर दे मारते हैं। इन जटाओं से उनके क्रोध के प्रतिरूप, खड्गधारी वीर-भद्र और भद्र-काली उत्पन्न होते हैं। वे दक्ष के घर में घुस कर यज्ञ का विध्वंस कर देते हैं, देवों को भगा देते हैं और अन्त में दक्ष का सिर काट देते हैं।

लेकिन जब यज्ञ रुक जाता है, तो सभ्यता समाप्त हो जाती है। विष्णु शिव से अनुरोध करते हैं कि वे दक्ष को फिर से जीवित करके यज्ञ को चलने दें। शिव ऐसा ही करते हैं, क्योंकि उन्हें उस अनुष्ठान से कोई आपत्ति नहीं है, उन्हें तो समस्या सिर्फ दक्ष के अहंकार और रवैये से है, जो ब्रह्मा के आदिम कामुक व्यवहार को ही दोहराता जान पड़ता है। दक्ष के कटे हुए सिर की जगह बकरे का सिर लगा दिया जाता है, यह याद दिलाते रहने के लिए कि संसार को किसी आक्रामक बकरे की तरह अपने अधीन करने की भावना ही यज्ञ में बलि देने के योग्य है।

इसके बाद शिव सती के अधजले शरीर को कन्धे पर रख कर बिलखते हुए दुनिया भर में घूमते-फिरते हैं। अब वे निर्लिप्त तपस्वी नहीं रह गये हैं, बल्कि अपनी हानि से पीड़ित प्रेमी हैं—अधीर और सान्त्वना-रहित। उनकी पीड़ा और वेदना देवताओं को उद्विग्न कर देती है, जो विष्णु से उसे समाप्त करने की विनती करते हैं, क्योंकि हर चीज़ का अन्त होता है, वियोग और वियोगजनित पीड़ा का भी। तब विष्णु सती के शरीर को काट कर उसके छोटे-छोटे टुकड़े कर देते हैं। ये संसार में जगह-जगह गिर कर शक्ति-पीठ बन जाते हैं।

सती के जाने के बाद शिव फिर अपनी आँखें बन्द कर लेते हैं और संसार से सारा ध्यान वापस खींच कर, अपने अन्दर की अग्नि प्रज्ज्वलित करके और अपने चारों ओर एक ठण्डा, बर्फीला निर्जन परिवेश निर्मित करते हुए, अपनी तपस्या फिर से शुरू कर देते हैं।

नैना देवी, जहाँ आँखें गिरीं

सती के शव को उठाये हुए शिव का चित्र (उड़ीसा पट्ट चित्र)

काली घाट, जहाँ अंगूठा गिरा

ज्वाला मुखी, जहाँ जीभ गिरी

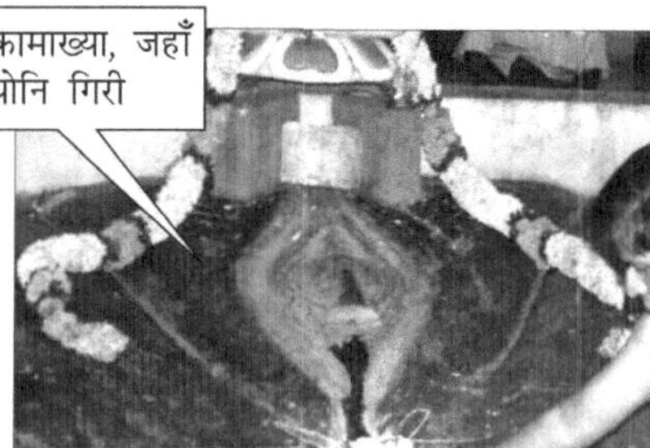
कामाख्या, जहाँ योनि गिरी

शक्ति पीठ

युग बीत जाते हैं जब देवताओं को शिव की याद आती है और वे चाहते हैं कि शिव आँखें खोलें, विवाह करें और सन्तान पैदा करें। कारण यह कि देवता मुसीबत में हैं। उनके स्वर्ग-लोक पर असुरों ने हमला कर दिया है। देवों को एक सेनापति चाहिए, जो उनकी सेना का नेतृत्व करे। उनका राजा इन्द्र समर्थ नहीं है, क्योंकि असुरों के नेता का वध सिर्फ एक बाल-योद्धा ही कर सकता है। ऐसे बाल-योद्धा को वही जन्म दे सकता है, जो लम्बे समय तक ब्रह्मचारी रहा हो। दूसरे शब्दों में, शिव।

लेकिन जब देवता कामना के अधीश्वर कामदेव को भेजते हैं कि वह अपने बाण चला कर शिव के मन में कामना जगाये, तब शिव अपनी तीसरी आँख खोल कर उसकी ज्वाला-भरी दृष्टि से कामदेव को भस्म कर देते हैं। लाचार हो कर देवता एक बार फिर देवी की शरण में जाते हैं। देवी मदद करने का वचन देते हुए पर्वतेश्वर हिमवान की बेटी पार्वती के रूप में जन्म लेती है।

पार्वती शिव को आँखें खोलने और विवाह करने के लिए मना लेती है, लेकिन बड़े भिन्न ढंग से। सती की तरह, वह शिव के पीछे-पीछे नहीं जाती। कामदेव की तरह, वह शिव की वासना नहीं जगाती। वह केवल प्रार्थना करती है—उपवास करते हुए और बिना हिले, शिव का ही ध्यान लगा कर, सारे प्रलोभनों को ठुकराती हुई—जब तक कि शिव उसके सामने आ कर उसे वह न दे दें, जो वह चाहती है। अन्ततः शिव प्रकट होते हैं और अपनी पत्नी के रूप में पार्वती को स्वीकार करने के लिए उसके घर आने के लिए तैयार हो जाते हैं।

सांसारिक विधियों से अपरिचित शिव घोड़ी पर नहीं, बल्कि बैल पर सवार हो कर आते हैं, रेशमी परिधान की जगह पशु चर्म धारण किये, चन्दन के स्थान पर भस्म से अलंकृत, मालाओं की बजाय सर्प लपेटे और परिजनों और मित्रों की नहीं, प्रेतों, पिशाचों और डाकिनियों की बरात लिये। पार्वती के माता-पिता इस पर खुश नहीं होते, लेकिन पार्वती अपने निर्णय पर अटल रहती है। वह शिव से विनती करती है कि वे उसके माता-पिता को सन्तुष्ट करने के लिए अपने रूप में परिवर्तन कर लें। अपनी इस भक्त को प्रसन्न करने के लिए शिव रूप बदल कर महादेव बन जाते हैं—

तपस्विनी पार्वती की चोल कालीन कांस्य प्रतिमा

सभी देवताओं से भव्य और रूपवान।

और इस तरह शिव पार्वती से विवाह करके उसे कैलाश ले जाते हैं—उस पर्वत-शिखर पर, जो चारों ओर बर्फ से ढका है और जहाँ कुछ नहीं पैदा होता। यहाँ पार्वती घर बनाती है, हालाँकि शिव घर की अवधारणा नहीं समझते। वह वर्षा होने पर गुफाओं में, सर्दियों में श्मशानों में और गर्मियों के दौरान पर्वत शिखरों पर रह कर सन्तुष्ट हैं।

पार्वती और शिव प्रणय-क्रीड़ा करते हैं, पर शिव अपना वीर्य पार्वती को नहीं, देवताओं को प्रदान करते हैं। वह इतना तेजस्वी है कि अग्नि को भी जला देता है और वायु भी उसे ग्रहण करने में असमर्थ है। वह गंगा में उबाल पैदा कर देता है और शरवन को जला कर राख कर देता है। इस राख से छः पुत्र जन्म लेते हैं, जिन्हें कृतिका नक्षत्र की छः देवियाँ पालती हैं। पार्वती इन छः बच्चों को अपने हाथों में ले कर उन्हें मिला कर एक कर देती है। इस तरह छः सिरों वाले बाल-योद्धा स्कन्द का जन्म होता है, जो देवताओं का सेनापति बन कर असुरों के विरुद्ध उनका नेतृत्व करता है और उन्हें विजय दिलाता है।

स्कन्द या कार्तिकेय या मुरुगन—जैसा कि वह दक्षिण में जाना जाता है—शिव-पुत्र है, उनके वीर्य से जन्मा और अनेक गर्भों में पला। पार्वती अब अपना एक पुत्र चाहती है। शिव यह कह कर इस इच्छा को पूरा करने से इनकार कर देते हैं कि बच्चे केवल मरणशील मानवों को पुनर्जन्म के लिए चाहिए होते हैं। शिव अमर हैं और इसलिए उन्हें सन्तान की कोई ज़रूरत नहीं। पार्वती तर्क करती है कि सन्तान की ज़रूरत इसलिए भी होती है कि प्यार पाया और दिया जा सके।

जब शिव पार्वती को जो वह चाहती है, नहीं देते, तो वह अपने शरीर पर लगे उबटन से एक बच्चा गढ़ती है। किसी पुरुष यानी नायक के बिना जन्मे इस बालक को वह विनायक का नाम देती है। जब शिव को इस बच्चे का पता चलता है, वह उसे पार्वती के बच्चे के रूप में नहीं स्वीकार करते और क्रोध और ईर्ष्या से भड़क कर वह उसका सिर काट देते हैं, लेकिन जब पार्वती बताती है कि वह कौन है तो उसे शान्त करने के लिए उस बच्चे के कटे हुए सिर की जगह हाथी का सिर लगा देते हैं। इस तरह विघ्न-बाधा दूर करने वाले और श्री-समृद्धि से जुड़े देवता गणेश का जन्म होता है।

पार्वती से विवाह करना स्वीकार करते शिव का कैलेण्डर छापा

शिव की बरात का लघु चित्र

शिव के दो पुत्र—स्कन्द और गणेश—मनुष्य के दो आदिम और मूल भय दूर करते हैं—किसी आक्रामक लुटेरे या अहेरी के हाथों मारे जाने का भय और भूख से मरने का भय। स्कन्द असुरों से लड़ता है और सुरक्षा प्रदान करता है, जबकि गणेश भौतिक समृद्धि के रास्ते में आने वाली सभी रुकावटें दूर करता है। इस तरह शिव के दोनों बेटे गृहस्थ की सभी इच्छाओं की देख-रेख करते हैं। उनका अस्तित्व सम्भव ही नहीं था, अगर पार्वती का आगमन न हुआ होता। इस तरह पार्वती संस्कारित प्रकृति के उस पहलू का साकार रूप है, जो मानव मस्तिष्क के सर्वोत्तम को जागृत करती है।

शिव ब्रह्मा का सिर काट देते हैं। शिव दक्ष का सिर काट देते हैं। शिव विनायक का सिर भी काट देते हैं। हर शिरोच्छेदन से एक नया ज्ञान उपजता है। पहली घटना प्रकृति यानी देवी पर अधिकार जमाने की इच्छा के नाश की निशानी है। दूसरी, संस्कृति को यानी देवी को, नियन्त्रित करने की इच्छा का नाश है। तीसरी घटना प्रकृति अर्थात देवी तक पहुँच को रोकने की इच्छा का नाश है।

'शिव पुराण' का आरम्भ विवाह से शिव के इनकार से होता है। विवाह के बाद वे काम-क्रीड़ा करने से हिचकते हैं। जब वे अन्ततः सम्भोग करते हैं, तब वे वीर्य स्खलित करने से हिचकते हैं। जब वे वीर्य स्खलित करते हैं तो अपनी पत्नी की योनि में नहीं, बल्कि बाहर स्खलित होते हैं। वे पार्वती को वह बच्चा देने से इनकार करते हैं, जो वह चाहती है। अपने बल पर सन्तान की सृष्टि करके पार्वती अपनी स्वायत्तता की घोषणा करती है। उसे शिव की ज़रूरत नहीं है। लेकिन तब तक शिव को उसकी ज़रूरत होने लगती है। वे उसके पास रहना चाहते हैं। जब विनायक उनका रास्ता रोकता है तो वे निर्ममता से रुकावट दूर कर देते हैं। यह हिंसा इस बात का संकेत है कि शिव, जिन्हें किसी समय एकाकी रहना पसन्द था, अब संग-साथ की कामना करते हैं। देवी ने इस तरह सफलता से उन्हें घरेलू बना दिया है। वह अब काली की तरह उनकी छाती पर नाचती नहीं है। अब वह गौरी के रूप में उनकी गोद में बैठती है। तपस्वी अब यज्ञ में यजमान बन गये हैं, हालाँकि वे योगी बने रहते हैं,

नन्दी पर शिव और पार्वती की कम्बोडियाई प्रतिमा

जिसे भोगी बनने की कोई इच्छा नहीं है।

सती पुरानी वैदिक रीति के जमाने में थी जहाँ यज्ञ सर्वोपरि था और सार्थकता सिर्फ लेन-देन के उन नियमों की होती थी, जो अनुष्ठान का नियन्त्रण करते थे। सती नष्ट हो जाती है और जब उसका पुनर्जन्म होता है तो वह नयी पौराणिक व्यवस्था में प्रकट होती है, जहाँ महत्त्व पूजा के माध्यम से व्यक्त भक्ति और समर्पण का है। यज्ञ की व्यवस्था में ईश्वर की कोई स्पष्ट अवधारणा नहीं है; वहाँ केवल देवता हैं। पूजा की व्यवस्था में, जहाँ देवताओं की जगह महादेव ने, ईश्वर ने, ले ली है, स्वर तकनीकी और विधि-विधान का न हो कर, सम्वेदनात्मक है। सती दक्ष (ब्रह्मा) को ठुकरा देती है, लेकिन शिव को पति के रूप में और विष्णु को भाई के रूप में चुनती है, जो हिन्दू परम्परा के केन्द्रीय बिन्दु बन जाते हैं।

हम यह कह सकते हैं कि सती और पार्वती हिन्दुत्व के बुद्ध से पहले और बुद्ध के बाद के रूपों को साकार करती हैं। बुद्ध से पहले का वैदिक हिन्दुत्व 500 ईसा पूर्व फला-फूला। बुद्ध के बाद का पौराणिक हिन्दुत्व 500 ईस्वी के बाद फला-फूला। बौद्ध धर्म, जिसने उपमहाद्वीप में लगभग एक हज़ार वर्षों तक अपना वर्चस्व बनाये रखा, भारत में एक महत्त्वपूर्ण परिवर्तनकारी शक्ति था, क्योंकि वह यज्ञ की यान्त्रिकता और भौतिकता पर प्रश्न खड़े करता था। लेकिन बौद्ध धर्म में भावना को जो कम महत्त्व दिया गया था, उस पर भक्ति परम्पराओं ने ध्यान दिया, जिससे मन्दिरों की परम्पराएँ, पौराणिक कथाएँ और पूजा का कर्मकाण्ड विकसित हुआ।

यज्ञ की परिपाटी आग को महत्त्व देती थी। यह अग्नि अन्ततः सती को निगल जाती है। पूजा की परिपाटी में जल का महत्त्व है। पार्वती शिव के अन्दर की आग को बाहर निकालती है, जब तक कि बर्फ, शाब्दिक और रूपक, दोनों अर्थों में, पिघलने नहीं लगती। पार्वती शिव को मनाती है कि जब गंगा नदी स्वर्ग से धरती पर अवतरित हो तो वे उसकी गति को धीमा करने के लिए उसे अपनी जटाओं में रोक लें। हिन्दू परम्परा में शव पहले चिता में जलाये जाते हैं, फिर उनकी राख को नदी में प्रवाहित किया जाता है। अग्नि मृत्यु को निगल जाती है, लेकिन पानी पुनर्जन्म में सहायता करता है। सती मृत्यु को गले लगाती है तो पार्वती जीवन को सम्भव करती है। वह शिव को, और इस तरह संसार को, पुनर्यौवन प्रदान करती है और फिर से जीवनी शक्ति से परिपूर्ण करती है।

शिव का गार्हस्थ्य प्रवेश

रसोई-घर की देवी अन्नपूर्णा का कैलेण्डर छापा

पार्वती की उपस्थिति में शिव नर्तक नटराज और संगीतकार वीणापाणि बन जाते हैं। वह उनसे वास्तविकता और संसार की प्रकृति के बारे में प्रश्न पूछती है और उनका वार्तालाप पक्षियों और बैलों और मछलियों के कानों में पड़ता है जो इस ज्ञान को संसार में फैलाते हैं। पक्षी 'कथा-सरित्सागर' का प्रचार करते हैं। बैल ऐन्द्रिक आनन्द के ज्ञान कामसूत्र का संचार करता है। मछली मत्स्येन्द्रनाथ में रूपान्तरित हो कर रहस्यमय और गोपनीय ज्ञान—तन्त्र—का प्रसार करती है। इस तरह पार्वती की उपस्थिति में बर्फ पिघलती है और पानी संस्कृति को समृद्ध करने के लिए अनेक धाराओं में बहता है।

संस्कृति के प्रति दक्ष का रवैया, आदेश और नियन्त्रण पर आधारित, कुछ-कुछ पौरुषपूर्ण है। पार्वती का रवैया, स्नेह पर आधारित, अधिक स्त्रियों-सरीखा है। जब शिव पार्वती से कहते हैं कि उनके विचार से कैलाश पर किसी रसोई-घर की ज़रूरत नहीं है, वह गायब हो जाती है। इसके कुछ ही समय बाद गणपति के नेतृत्व में शिव के गण शिव के पास जाते हैं और भोजन माँगते हैं। शिव के पास देने के लिए कुछ भोजन नहीं है। वे भिक्षा-पात्र ले कर संसार में हर जगह भोजन माँगने जाते हैं, पर भोजन नहीं पाते। अन्ततः वे काशी पहुँचते हैं और वहाँ उन्हें पार्वती का रसोई-घर मिलता है। वह मुस्कराती हुई कहती है, 'तुमने भले ही भूख को जीत लिया हो, पर दूसरों ने नहीं जीता। रसोई-घर उनके लिए है।' जब वह अपने बच्चों को खिलाती है, शिव उसे अन्नपूर्णा घोषित करते हैं—तपस्वी के लिए, जिसे भूख नहीं लगती, एक आदर्श पत्नी। जहाँ दक्ष की पुरुषों वाली दृष्टि दृढ़ता से अपनी ज़रूरतों पर टिकी हुई है, पार्वती की स्त्री-दृष्टि अपने दायरे में दूसरों को समेट लेती है। संस्कृति तब व्यवस्थित और घरेलू बनने का परिणाम नहीं, बल्कि सहानुभूति और सम्वेदना का नतीजा बन जाती है।

4. दुर्गा का रहस्य

हर कोई भय के कगार पर जीता है

कृष्ण की रक्षा करती योग-माया का पोस्टर

शिव और विष्णु की पूजा में चढ़ायी जाने वाली चीज़ों में भोजन, फूल, पत्ते, दीपक और धूप-अगरबत्ती शामिल होती है। उद्देश्य देवता को जागृत करना होता है, जो वैसे सुषुप्तावस्था में रहता है। देवी को चढ़ायी गयी भेंट बहुत भिन्न होती है। ईश्वर को अर्पित सामान्य भेंट के अलावा हमेशा कुछ और भी होता है—हल्दी, कुमकुम, काजल और कपड़ा, जो देवी के ऊपरी परिधान के काम आ सके, जैसे चोली, चुनरी और चादर। उद्देश्य देवी को इस तरह ढकना होता है कि वह काली कम और गौरी अधिक जान पड़े। ऐसा क्यों?

अगर हम दिव्यता या देवत्व के पुरुष रूप को मस्तिष्क से और स्त्री-रूप को प्रकृति से जोड़ें तो इसका अर्थ समझ में आने लगता है। हम मस्तिष्क को भी जगाना चाहते हैं और प्रकृति को वश में करना भी चाहते हैं। बिना प्रकृति को साधे, केवल मस्तिष्क को जगाना, शिव की, अपने में लीन तपस्वी की, प्रवृत्ति है। बिना मस्तिष्क को जागृत किये, सिर्फ प्रकृति को साधना, ब्रह्मा की प्रवृत्ति है, जो दक्ष यानी नियन्त्रणकारी पुरोहित के रूप में सामने आते हैं। मस्तिष्क और प्रकृति के बीच का यह तनाव पुराणों की मूल विषय-वस्तु है।

और इस तरह देवी का पसन्दीदा रूप दुर्गा का है, सिंह पर सवार, वश करने के प्रयासों को चुनौती देती हुई। दुर्गा के खुले बाल यह संकेत देते हैं कि वह अब भी काली की तरह वन्य है, उद्दाम है, लेकिन उसकी नथ सूचित करती है कि वह गौरी की तरह घरेलू है। दुर्गा ने अपने अनेक हाथों में जो शस्त्र थाम रखे हैं, वे एक भिन्न किस्म की हिंसा का पता देते हैं, ऐसी जो काली की हिंसा के उलट नियन्त्रित है, जो रक्षा करती है, लेकिन दण्ड भी दे सकती है। वह ब्रह्मा की विद्रोही पुत्री है, विष्णु की रक्षित और रक्षक बहन है और शिव की स्नेह-भरी पत्नी है। उसके प्रेम और कृपा का अनुचित लाभ नहीं उठाया जा सकता, वह शोषित होने को तैयार नहीं है। देवी (प्रकृति) का जागरण देवता (मस्तिष्क) को जागृत करने से प्रतिबिम्बित होना चाहिए।

कन्या-कुमारी का पोस्टर

भारत के दक्षिणी छोर से एक बहुत मनोरंजक कथा प्राप्त होती है, जो संस्कृति की स्थापना के लिए प्रकृति को साधने के विचार मात्र को चुनौती देती है।

एक कुँवारी कन्या शिव का आह्वान करती है और उनकी पत्नी बनने की इच्छा प्रकट करती है। शिव राजी हो जाते हैं, लेकिन देवता इस समाचार से प्रसन्न नहीं होते। जब तक कन्या-कुमारी का पति और सन्तान नहीं है, तब तक उसके पास असुरों के संहार की शक्ति है। इसके अलावा, विवाह और मातृत्व में प्रयोग न की गयी उसकी शक्ति समुद्र को धरती पर विजयी होने से भी रोकेगी, इसलिए देवता विवाह को रोकने के लिए सभी उपाय अपनाते हैं। वे कन्या-कुमारी से कहते हैं कि यह सुनिश्चित करने के लिए कि विवाह सुखी हो, उसे दूसरे ही दिन सूर्योदय के समय शादी करनी होगी। लेकिन शिव तो सुदूर उत्तर में कैलाश पर्वत पर रहते हैं; उन्हें तत्काल चल पड़ने के लिए कहना होगा और रात भर यात्रा करनी होगी। शिव, अपनी वधू से मिलने के लिए उत्सुक, तेज़ी से यात्रा करने के लिए तैयार हो जाते हैं, जबकि इधर कन्या-कुमारी रात भर विवाह के भोज की तैयारियाँ करती है और प्रसाधनों और गहनों से अपना श्रृंगार करती है। अभी रात आधी ही होती है कि देवता मुर्गों का रूप धर कर बाँग देने लगते हैं। शिव सोचते हैं कि सूर्योदय होने को है और वे विवाह के लिए समय पर नहीं पहुँच पायेंगे। निराश हो कर वे लौट जाते हैं। जब सूर्योदय सचमुच होता है तो शिव का कोई अता-पता नहीं है। हताश कन्या-कुमारी उन सारे मटकों और पात्रों को तोड़ देती है जिनमें विवाह के भोज की सामग्री रखी हुई थी—दालें और अनाज उस रंग-बिरंगी रेत में बदल जाता है जो हमें भारत के दक्षिणी छोर पर मिलती है। अपना प्रसाधन वह समुद्र में धो डालती है : यही कारण है कि समुद्र वहाँ बहुरंगी है। वह दक्षिणी छोर पर खड़ी, असुरों का संहार करती है और समुद्र को धरती पर विजयी होने से रोकती है और किसी दिव्य आलोक-स्तम्भ की तरह मछुआरों को समुद्र की तूफ़ानी लहरों का सामना करके सकुशल अपनी पत्नियों के पास लौटने में मदद करती है।

कन्या-कुमारी की यह कथा साधने, वश में करने, के बारे में एक दोहरा रवैया उजागर करती है। एक स्तर पर हम चाहते हैं कि ईश्वर गृहस्थ बने, तपस्वी न रहे, दूसरे स्तर पर हम नहीं चाहते कि देवी पूरी तरह घरेलू बन जाये, बल्कि वह वन्य ही रहे, खेत न बने। अपने विशेष ढंग से संस्कृतियाँ व्यापक कल्याण के लिए

उड़ीसा पट्ट शैली में देवी के उद्दाम रूप का चित्र

स्वाधीनता पर पाबन्दियाँ लगाने के लिए नीतियों और रीतियों से काम लेती हैं। लेकिन यह रचनात्मकता और आविष्कार, यहाँ तक कि आत्म-निरीक्षण को भी, नष्ट कर सकता है। वह हमारे अन्दर फँसे होने के भाव को बढ़ा सकता है। इसीलिए प्रकृति के वन्य, असंस्कारित स्वरूप को बनाये रखना ज़रूरी है, जो स्वतन्त्रता का आश्वासन देता है।

यही कारण है कि 'शिव पुराण' और 'देवी पुराण' में देवता पार्वती को स्वयं शिव की सन्तान को जन्म देने नहीं देते; वे शिव के वीर्य को अनेक गर्भों में अंकुरित होते देखना चाहेंगे। पार्वती या गौरी परम्परागत अर्थों में माता नहीं है। वह कार्तिकेय की धाय-माँ है और वह गणेश को अपने उबटन से गढ़ती है, जिसे उसने अपने शरीर पर लगाया था। यथार्थ में भले ही इसका बहुत अर्थ न निकले, मगर प्रतीक रूप में यह काफी अर्थपूर्ण है।

पूरी तरह गृहस्थ होने से दुर्गा की मनाही उसके खुले केशों से प्रकट होती है। परम्परागत रूप से अच्छी तरह कंघी किये हुए और बँधे केश सभ्यता, संस्कार और घरेलूपन की निशानी हैं। लेकिन दुर्गा वैवाहिक वस्त्र और आभूषण पहने होने के बावजूद केश खुले ही रखती है। इस तरह वह प्रकृति और संस्कृति के बीच, छोर पर खड़ी है—निर्द्वन्द्व, रीति-नीति-मुक्त, स्वाधीनता के हमारे भय के साथ-साथ रीति-नीति के बन्धन में फँसे होने के भय को भी स्वीकार करती हुई।

पिछले पाँच सौ बरसों में हिन्दू धर्म में देवत्व को मानवी रूप प्रदान करने का एक जाना-बूझा प्रयास हुआ है। ईश्वर वहाँ, दूर की कोई ऊँची अवधारणा नहीं है; वह पास, तत्काल और पहुँच के भीतर है। और देवी भी पूरी तरह प्रकृति नहीं है; वह गाँव है जो मनुष्यों की आबादी का पालन-पोषण करता है।

ये विचार नये नहीं थे। ग्राम-देवियाँ शायद भारत में धर्म का सबसे पुराना ज्ञात रूप हैं, जो बुद्ध और वेद, यहाँ तक कि सिन्धु घाटी के नगरों से भी प्राचीन हैं। ग्राम-देवी को दीमक और साँप की बाँबियों और चट्टानों की दरारों से चिह्नित किया जाता था, क्योंकि वह सारी उर्वरता की स्रोत—धरती—के अन्दर से निकलती थी।

बंगाल, असम और उड़ीसा में घर की बेटी के रूप में दुर्गा की पूजा

लेकिन पाँच सौ साल पहले यह सम्बन्ध बहुत अन्तरंग और व्यक्तिगत हो गया। उसे गीतों और त्योहारों में बहुत भावनात्मक शब्दावली के माध्यम से अभिव्यक्त किया गया। जैसे-जैसे ईश्वर माता-पिता, सन्तान, स्वामी, मित्र यहाँ तक कि प्रेमी बनता गया, देवी परिवार का सदस्य बन गयी। यह हिन्दुत्व के भक्ति काल के रूप में जाना गया, जहाँ सरल मानवीय भावनाएँ ईश्वर तक पहुँचने के द्वार बना दी गयीं। इस प्रवृत्ति के अनुसरण में हम पाते हैं कि बंगाल, असम और उड़ीसा में देवी के साथ, जिसे सामान्यत: माँ कह कर सम्बोधित किया जाता है, गाँव की बेटी का-सा बरताव होता है।

हर साल शरद ऋतु में देवी अपने पति के घर से दुर्गा के रूप में कुछ दिनों तक अपनी माँ—गाँव के समुदाय—की स्नेहिल बाँहों में विश्राम के लिए लौटती है। इस तरह गाँव की माता गाँव की बेटी में रूपान्तरित हो जाती है और इसी रूप में उसका स्वागत-सत्कार होता है। वह अपने दो बेटों—बलिष्ठ कार्तिकेय और बुद्धिमान गणेश और अपनी दो बेटियों—समृद्ध लक्ष्मी और मेधावी सरस्वती के साथ आती है। वह शिकायत करती है कि उसके पति शिव काम नहीं करते और उसी को परिवार का भरण-पोषण करना पड़ता है। उसकी माँ को उसके साथ सहानुभूति है, पर वह उसे याद दिलाती है कि उसी ने वह पति चुना था जिससे उसका ब्याह हुआ; किसी ने उसे एक तपस्वी से विवाह करने को मजबूर नहीं किया, जो कुत्तों और भूत-प्रेतों के साथ घूमता है, श्मशानों में रहता है और भाँग-धतूरे का प्रेमी है। देवी को नहलाया जाता है, कपड़े पहनाये जाते हैं और भोजन खिला कर गीतों और नृत्य से उसका मन बहलाव किया जाता है। अन्त में उसे विदा कर दिया जाता है—नदी में विसर्जित कर दिया जाता है और जैसे-जैसे वह सुदूर कैलाश पर्वत पर अपने पति के घर का रास्ता पार करती है, उसकी प्रतिमा घुल कर विलीन हो जाती है।

ऐसा साल-दर-साल होता है। उसके आने पर वे खुशी से रोते हैं और उसके जाने पर वे दुख से रोते हैं। इस तरह संसार की चक्राकार प्रकृति ग्रामीण समुदाय के सामने पुष्ट होती है। कुछ भी हमेशा नहीं बना रहता। किसी चीज़ का हमेशा के लिए अन्त नहीं होता। सब कुछ वापस आता है। सब कुछ वापस जाता है। यह ग्रामीण जनों को तसल्ली देता है, जो दुख सह रहे हैं। यह उनको चेतावनी भी देता है, जो भाग्यशाली हैं कि वे अपने सौभाग्य को स्थायी न मान लें।

पुरी (उड़ीसा) में अपने भाइयों के साथ सुभद्रा की प्रतिमा

जब हम बंगाल में दुर्गा की परम्परागत प्रतिमा को देखते हैं तब जो चीज़ आँख को फौरन नज़र आती है, वह उसकी हल्दी जैसी पीली त्वचा है। इसीलिए उसे हल्दी-मुखी कहा जाता है। हल्दी देवी-पूजा का एक अनिवार्य अंग है। वह रोग-नाशक भी है और प्रसाधन सामग्री भी जो त्वचा को साफ रखती है और उसे सोने की तरह दमकने वाला बना देती है।

पुरी (उड़ीसा) में कृष्ण के मन्दिर में एक और हल्दी-मुखी है—कृष्ण की बहन, देवी सुभद्रा—जो कृष्ण और उनके बड़े भाई बलराम के बीच खड़ी दिखायी देती है। दुर्गा और सुभद्रा का एक जैसा रंग हमें मन्दिरों में प्रचलित कथाओं की याद दिलाता है कि देवी जो शिव की पत्नी है, वह विष्णु की बहन भी है।

अपने विभिन्न अवतारों में विष्णु अपनी बहन के लिए लड़ाई लड़ते रहते हैं। एक लोक 'महाभारत' में एक योद्धा की कहानी है जिसने कुरुक्षेत्र के पूरे युद्ध को एक पहाड़ की चोटी से देखा था; युद्ध से पहले उसका सिर कट गया था, लेकिन कृष्ण ने उसके सिर को ज़िन्दा रखा था ताकि युद्ध को देखने की उसकी आखिरी इच्छा पूरी हो सके। जब यह पूछा गया कि उसने क्या देखा तो उसने कहा कि उसने सिर्फ कृष्ण के चक्र को दुष्ट सम्राटों के सिर काटते और काली को अपनी जीभ युद्धभूमि पर फैला कर उनका रक्त पीते देखा।

इसी तरह जब विष्णु गहरी स्वप्नरहित निद्रा में लीन थे, तब इसी बहन ने संसार को मधु और कैटभ से बचाया था। वही थी जिसने हत्यारे कंस के हाथों से शिशु कृष्ण को बचाने के लिए अपनी बलि दी थी। उसी ने यह सुनिश्चित किया कि शिव संसार की ओर से अपनी आँखों को अब बन्द न रखें, कि वे कार्तिकेय और गणेश को जन्म दें जो रक्षा करते और संस्कृति प्रदान करते हैं। और जब एक असुर सामने आता है, जिसे न तो विष्णु पराजित कर पाते हैं, न शिव, तब उन्हीं का आह्वान एक बार फिर किया जाता है।

इस तरह 'देवी माहात्म्य' में जब इन्द्र ब्रह्मा से सहायता की विनती करते हैं और ब्रह्मा उन्हें विष्णु के पास और विष्णु उन्हें शिव के पास ले जाते हैं तो शिव

दुर्गा के जन्म का लघु चित्र

सभी देवों को सलाह देते हैं कि वे अपनी-अपनी देहों से देवी को मुक्त करें और उसे मिला कर ऐसी देवी की सृष्टि करें जो उन सब से बड़ी और शक्तिशाली हो। हर देव के शरीर से ज्वालाएँ निकलती हैं और ये ज्वालाएँ आँखों को चौंधियाने वाले प्रकाश में एक-दूसरी में घुल-मिल जाती हैं और दुर्गा की सृष्टि होती है, जिसे हर देवता शस्त्र प्रदान करता है और वह सिंह पर सवार हो कर असुर से युद्ध करने जाती है। इस तरह दुर्गा वह सम्मिलित शक्ति है, जिसके अंश अलग-अलग देवताओं से आये हैं। वे 'अंश' हैं, जबकि दुर्गा 'सम्पूर्ण' है। वह किसी एक की नहीं, सभी देवताओं की पुत्री है; वह अयोनिजा है, जो गर्भ से नहीं जन्मी है, उसकी कोई माता नहीं। यह उसे महादेवी बना देता है, देवताओं की देवी, ठीक वैसे ही जैसे शिव देवताओं के देव, महादेव हैं। इस तरह पुराण दुर्गा के प्रभुत्व को स्वीकार करते हैं। वह शिव और विष्णु की तरह स्वयंभू है, आत्म-सृजित है।

कौन है यह असुर जिसे परास्त करने का काम दुर्गा को करना है? कौन है यह 'दैत्य' जो देव और महादेव को अपने अधीन कर लेता है? उसे महिषासुर के रूप में चिह्नित किया गया है, हालाँकि वह कई रूप धरता है—हाथी, सिंह, यहाँ तक कि मनुष्य का भी—और अन्ततः मारे जाने से पहले भाँति-भाँति के शस्त्रों से लड़ता है।

जो लोग पौराणिक कथाओं को आदिम-इतिहास के रूप में देखना पसन्द करते हैं वे इसे ऐसी कथा के रूप में देखते हैं, जो दक्षिण के साँवले, महिष-प्रेमी यानी भैंस-प्रेमी, द्रविड़ों के ऊपर उत्तर के गोरे, गाय-प्रेमी आर्यों की महा विजय का पुनर्वर्णन करती है। इस व्याख्या या पाठ के साथ समस्या यह है कि यहाँ योद्धा एक स्त्री है और विद्वानों के लिए वैदिक पितृसत्ता के साथ उस स्त्री-शक्ति के साथ ताल-मेल बैठाना कठिन है, जो दुर्गा की छवि में प्रकट है। इसके अलावा, बहुत-से विद्वानों ने अरसा पहले उस जातीय, नस्ली सिद्धान्त को नकार दिया है जो बीसवीं सदी के आरम्भ में लोकप्रिय था।

जो लोग पौराणिक कथाओं को आदिम-मनोविज्ञान के रूप में देखते हैं, उनका निष्कर्ष यह है कि दुर्गा अस्थिर, रूप बदलने वाले मानवीय 'ईगो' को नष्ट करती

दुर्गा द्वारा महिषासुर मर्दन का लघु चित्र

है, जो प्रकृति के ऊपर आधिपत्य का प्रयास करता है, लेकिन 'ईगो' क्या है?

यह शब्द हमें बीसवीं सदी में सिग्मंड फ्रायड और कार्लस जुंग के मनोविश्लेषण से मिला है। 2500 वर्ष पहले रचे गये उपनिषदों में 'अहं' शब्द आया है। हमने मान लिया है कि दोनों शब्दों का एक ही अभिप्राय है। लेकिन क्या सचमुच ऐसा है?

अहं का मतलब होता है कि मनुष्य आत्मा के सामने अपने को कैसे कल्पित करते हैं, हम वास्तव में कौन हैं। भोजन-शृंखला और सामाजिक ऊँच-नीच के सन्दर्भ में पशुओं को कोई सन्देह नहीं होता कि वे किस स्थान पर हैं। जब वे किसी दूसरे पशु को देखते हैं तो बस उन्हें यही परवाह होती है कि वह अहेरी है, आखेट है, प्रतिद्वन्द्वी है या संगी है? मनुष्य भ्रमित रहते हैं, उनमें ऐसी कोई स्पष्ट समझदारी नहीं होती। कल्पना सारे ढाँचों को मिटा देती है और हम अपनी इच्छाओं (हम कैसे अपनी कल्पना करना चाहते हैं) और हमारे ऊपर दूसरों द्वारा लादे गये सामाजिक ढाँचों के बीच एक संघर्ष में उतरने को मजबूर हो जाते हैं जो सामाजिक ढाँचे दूसरों की इच्छाओं पर आधारित होते हैं (दूसरों से हमें किस रूप में देखने की अपेक्षा होती है)। अक्सर हम अपने पाशविक स्वभाव में लौट जाते हैं—या तो हम आधिपत्य जमाना चाहते हैं या अधीनता स्वीकार करने को तैयार होते हैं। हम नियमों से दूसरों को वश में करना चाहते हैं या उनके द्वारा वश में किया जाना चाहते हैं। यही वह असुर—महिष—है। देव उस हालत में वह है, जो इन्द्र की तरह अनुभव करता है कि ब्रह्माण्ड में और भी बड़ी शक्तियाँ कार्यरत हैं—ब्रह्मा, विष्णु, शिव और निश्चय ही देवी के साकार रूप में। महिष ब्रह्मा को स्वीकार करता है, लेकिन दूसरों पर विजयी होने का प्रयास करता है और ऐसा करने में ही उसकी मूर्खता निहित है। महिषासुर की पराजय को समर्पण के रूप में नहीं देखा जाता , बल्कि अनुभूति के रूप में—वह संसार के अपने सीमित आत्म-केन्द्रित दृष्टिकोण से मुक्त हो जाता है और अपने अन्दर बड़े चित्र को समो लेता है। इसे उद्धार कहते हैं।

लेकिन ये ऊँचे विचार हैं। इन्हें गाँवों में रहने वाले सीधे-सरल लोगों तक कैसे पहुँचाया गया? हमारा सवाल अहम्मन्यतापूर्ण है। हम मान लेते हैं कि 'सीधे-सरल ग्रामीण जनों' से बड़े विचार या ज्ञान नहीं आ सकता। हम मान लेते हैं कि ज्ञानी ब्राह्मणों को ये विचार आये और उन्होंने इन्हें आगे बढ़ा दिया। लेकिन जितना ही अधिक हम भारतीय कर्म-काण्डों, प्रथाओं और अनुष्ठानों का अध्ययन करते हैं,

व्याघ्र (बाघ) वाहिनी दुर्गा
बाघ भारत में आम हैं
बाघ एकाकी पशु होते हैं जो घात लगा कर शिकार करते हैं

सिंहवाहिनी दुर्गा
सिंह भारत में दुर्लभ हैं, लेकिन लम्बे अर्से से राजसी प्रतीक हैं
सिंह सिंहनियों के जत्थे के साथ विचरता है और दूसरे सिंहों से मिलकर नहीं रहता

दुर्गा के पोस्टर

उतना ही अधिक हमें एहसास होता है कि भारत का ज्ञान 'सीधे-सरल ग्रामीण जनों' से आता है जिसे संस्कृत में सरल ढंग से व्यक्त किया गया। ब्राह्मण तो वैदिक ज्ञान के लेखक, लिपिक, संकलनकर्ता और संगठनकर्ता हैं, स्रोत नहीं। यह उस समय स्पष्ट होता है जब हम ग्राम-देवी के साथ जुड़े कर्म-काण्डों को देखते हैं। आज इन प्रथाओं को भारत के दक्षिणी भागों में ज़्यादा देखा जा रहा है, पर उत्तर में भी उनके चिह्न मिल जाते हैं। वे आम तौर पर तकनीकी रूप से पिछड़े ग्रामीण समुदायों में दिखते हैं, जो गहरी मनोवैज्ञानिक अन्तर्दृष्टियों को शब्दों की बजाय प्रतीकों और अनुष्ठानों के माध्यम से सम्प्रेषित करते हैं।

दुर्गा के विपरीत, जो समूचे ब्रह्माण्ड से जुड़ी है, ग्राम-देवी अपने इलाके तक सीमित है। वह सार्वभौमिक को विशेष बना देती है। वह मुम्बई की मुम्बा देवी है, चण्डीगढ़ की चण्डिका, कोलकाता की काली। उसकी प्रतिमा अक्सर महज एक चट्टान होती है, जो गाँव के केन्द्र या उसके सीमान्त को चिह्नित करती है। चट्टान पर आँखें यह इंगित करने के लिए बना दी जाती हैं कि उसे ग्रामवासियों की स्थिति का आभास है। उसे नथ पहने दिखाया जाता है जो उसके घरेलू होने की निशानी है। उसकी हथेलियाँ रक्षा करने के अन्दाज़ में उठी रहती हैं या वर देने की मुद्रा में नीचे को झुकी होती हैं, उसका शरीर बिरले ही होता है : गाँव ही उसका शरीर है। कभी-कभी उसके साथ उसकी जुड़वाँ-देवी भी होती है जिसकी पहचान उसकी सहेली के रूप में होती है या संगी के रूप में, जो उसके भक्तों की देख-रेख करती है, जब वह खुद आराम करना चाहती है। उसके सेवकों में वीर होते हैं, अपनी मर्दानगी को बढ़ा कर दिखाने के लिए अक्सर मूँछों वाले, घोड़ों पर सवार, साथ में शिकारी कुत्ते लिये हुए। दक्षिण भारत में वीर अक्सर मुस्लिम घुड़सवार अधिकारी होता है जो गाँव की वास्तविकताओं से निकट के जुड़ाव का सूचक है। वह रक्षक देवता है जो उर्वरता की देवी का पूरक जोड़ा बनाता है। वह रक्षा करता है; वह पालन करती है।

ग्राम-देवी की उपासना में तीन बातें ध्यान खींचती हैं। पहली, सचमुच एक

महाराष्ट्र की सप्त-शृंगी देवी का फोटो

पुणे (महाराष्ट्र) में म्हसोबा का फोटो

भैंसे या बकरे, या मुर्गे की भी, बलि चढ़ाने और उसके रक्त को चावल में मिला कर उन खेतों में छितराने की प्रथा, जहाँ फसल की अभी-अभी कटायी हुई हो। दूसरी, म्हसोबा (महिष-देव) या पोठराज (महिष-राज) की प्रतिमाओं को दुर्गा की प्रतिमाओं के साथ रखना—उसे दुर्गा का सेवक और कभी-कभी पति बताना; जिसे तब शिव का एक रूप, भैरव कहा जाता है। एक पौराणिक कथा भी है, जिसमें दुर्गा को असुर के गले में शिव-लिंग मिलता है। तीसरी, देवी के त्योहार के दौरान अनुष्ठान के रूप में प्रमुखतः पुरुष भक्तों द्वारा पीड़ित करने की प्रथा। इसमें वे अपने शरीर में लोहे की कटिया फँसा कर लटकते हैं, सुई से जीभ को आर-पार छेदते हैं, अंगारों पर चलते हैं और खुद को दाँतों से काटते भी हैं। दक्षिण के कुछ हिस्सों—महाराष्ट्र, कर्नाटक और आन्ध्र—में देवी की सेवा करने वाले पुरोहित को पोठराज कहते हैं और वह अमूमन गैर-ब्राह्मण समुदायों से आता है। कभी-कभी पुरोहित स्त्री-वेश धारण करते हैं और सिर पर पवित्र मटके को उठा कर चलते हैं। यह सब दुर्गा और महिष यानी भैंसे के बीच एक अस्पष्ट-सा सम्बन्ध उद्घाटित करता है। क्या वह सिर्फ दैत्य है या देवता भी है? खलनायक है या नायक भी है? अत्याचारी है या पति भी है? क्या भैंसा भक्तों के 'अहं' का प्रतिनिधित्व करता है?

जहाँ अधिकतर कथाओं में भैरव देवी को बचाने के लिए आता है, वैष्णो-देवी की कथा में भैरव की भूमिका उस पर अत्याचार करने वाले की है। वैष्णो-देवी का मन्दिर उत्तर में जम्मू में है। दूसरी देवियों के विपरीत, वह रक्त की माँग नहीं करती (जो जम्मू और हिमाचल के इलाके की ग्राम-देवियों के सिलसिले में आम है)। कथा यह है कि वह वेदवती थी, जिसने बहुत-से पुरुषों के आकर्षण और अनुरोधों को ठुकरा दिया था, क्योंकि वह विष्णु से विवाह करने के लिए कटिबद्ध थी। जब भैरव ने उस पर बलपूर्वक अधिकार करना चाहा, वह पहाड़ियों में दौड़ती रही, गुफाओं में छिपती रही और फिर क्रूर हिंसक देवी में बदल गयी, जिसने भैरव का सिर काट दिया और फिर जब भैरव ने अपने अत्याचार के लिए क्षमा माँगी तो उसे क्षमा कर दिया। सो, आज जो लोग वैष्णो-देवी के मन्दिर जाते हैं, वे भैरव के मन्दिर में भी जाते हैं। किसी समय देवी पर अत्याचार करने वाला भैरव आज उसका रक्षक है। कथा की हिंसा हमें शिव द्वारा ब्रह्मा के सिर को काटने की कथा से जोड़ देती है। अन्ततः संस्कृति के घटित होने के लिए सभ्य और घरेलू होना स्वेच्छा पर

जम्मू की वैष्णो-देवी का फोटो

भैरव का फोटो

निर्भर है, वह प्रेम से उपजना चाहिए, नियन्त्रित करने की इच्छा से नहीं।

गुजरात की बहुचर-माता के साथ जुड़ी बहुत-सी कथाओं में से एक में अपने पति के घर जा रही एक युवा वधू रास्ते में एक लुटेरे के बलात्कार से बचने के लिए आत्म-हत्या कर लेती है। वह लुटेरे को शाप देती है कि वह सांसारिक बन्धन से तभी मुक्ति पायेगा, जब वह खुद को बधिया करके उसकी हिजड़ा-सेविका बनेगा। एक और कथा में एक युवा वधू को पता चलता है कि उसका पति—जो कभी रात को उसके कमरे में नहीं आता, घोड़े पर सवार हो कर बाहर जाता है—(मौखिक कथा के विभिन्न रूपों के अनुसार) समलैंगिक है, या पार-लिंगी व्यक्ति है या स्त्री-वेश धारी है, जिसे स्थानीय भाषा में हिजड़ा कहते हैं। इस बात पर कुपित हो कर कि उसके पति ने उसे धोखा दे कर झूठी शादी की जो उसका जीवन नष्ट कर देगी, वह देवी में बदल जाती है, अपने पति को दण्ड देती है और उसे सांसारिक बन्धन से उसी हालत में मुक्ति का आश्वासन देती है, अगर वह हिजड़ा बन कर उसकी सेवा करे। हिजड़ों के समुदाय के लोग अपने को बधिया करते समय इसी देवी का नाम लेते हैं। उसका मन्दिर बच्चों की इच्छा रखने वाली औरतों में भी लोकप्रिय है,यहाँ भी हम विवाह, उर्वरता और विवाह में स्त्री की कुण्ठा से सम्बन्धित तनाव पाते हैं। यहाँ दैत्य की भूमिका में अत्याचारी पति है।

अपने पुरुष सेवकों के साथ ग्राम-देवी के अस्पष्ट सम्बन्ध के पीछे प्रकृति के साथ मानवता का आपसी सम्बन्ध है। मनुष्य प्रकृति को वश में करके, पालतू बना कर, संस्कृति स्थापित करते हैं। पालतू बनाने की यह प्रक्रिया हिंसक है : नदियों का प्रवाह रोका जाता है, जंगल जलाये जाते हैं और पर्वत ढाये जाते हैं। पौराणिक सन्दर्भों में बेटी की सृष्टि के लिए माता के साथ बलात्कार होता है। और माता पलट कर वार करती है, अनेक विधियों से सन्तुष्टि चाहती हुई। वह अपने को नगण्य समझा जाना नहीं चाहेगी। इस स्थिति में महिष-असुर मानवता है, जो प्रकृति को नियन्त्रण में लाने की कोशिश कर रही है, वह एक ही साथ पिता, भाई और बेटा है। जब वह अतिक्रमण करे तो उसे दण्डित करना ज़रूरी है। लेकिन उसकी उपासना भी होती है, क्योंकि उसके अन्दर भी दिव्यता है, जिसका आह्वान करके जागृत किया जा सकता है। मनुष्य के अन्दर की दिव्यता क्या है ? कौन-सा देवता है, जिसे जागृत करना है ? यह दिव्यता है—अपने चारों ओर के संसार से, प्रकृति से और साथी

गुजरात की बहुचर-माता का पोस्टर

मनुष्यों के साथ सहानुभूति स्थापित करने की क्षमता, जो मानवीय लोभ-लालसा और मूढ़ता पर रोक लगाती है।

ग्राम-देवी केवल गाँव ही का नहीं, बल्कि गाँव की हरेक औरत का मूर्त रूप होती है। अनेक अर्थों में वह देवी है। उसका घर मन्दिर है। और वह अपनी पुजारिन है। परम्परा से वही घर और उसके फर्श को हर रोज गोबर से लीपती है और चावल के आटे से घर के अन्दर और बाहर दीवारों पर चित्र और अल्पना बनाती है। चित्र बनाने के इस कर्म-काण्ड को तमिलनाडु में कोलम, महाराष्ट्र में रंगोली और बंगाल में अल्पना कहते हैं। वह व्रत जैसे अनुष्ठानों से देवी का आह्वान करती है, जिनमें पुजारियों और पुरोहितों की ज़रूरत नहीं होती। इसमें उसे या तो किसी खास किस्म के भोजन का त्याग करना होता है या किसी खास किस्म का भोजन खाना होता है। उसका कर्म-काण्ड घर में शुभ ऊर्जा का संचार करता है और समृद्धि और शान्ति को सुनिश्चित करता है। उसका क्रोध और दुख रोग ले आता है। वह देवी का लघु प्रतिरूप थी, विवाह के बाद घर में प्रवेश करते समय वैसे ही सजी हुई। घर में उसके आगमन का स्वागत वैसे ही हुआ, जैसे देवी घर में प्रवेश कर रही हो। क्योंकि उसके आगमन के साथ रसोई-घर की अग्नि एक और पीढ़ी तक सुरक्षित बची रहेगी और वह वंश और कबीले की नयी पीढ़ी को जन्म देगी।

दक्षिण और पश्चिमी भारत में खास तौर पर स्त्रियाँ ऐसी रस्मों में भाग लेती हैं जिन्हें 'हल्दी-कुमकुम' कहते हैं। इनमें विवाहित महिलाएँ इकट्ठा हो कर हल्दी, कुमकुम, फूलों और उपहारों से एक-दूसरे का स्वागत करती हैं। यह स्त्रियों का स्त्रियों के लिए त्योहार है। विधवाओं का आना मना है, जो इस रस्म को स्त्रीत्व से अधिक उर्वरता से जोड़ता है। ऐसी ही एक प्रथा बंगाल में पायी जाती है, जिसमें दुर्गा पूजा के अन्तिम दिन स्त्रियाँ एक-दूसरे पर सिन्दूर मलती हैं।

स्त्रियों का घरेलू बनना प्रकृति के घरेलू बनने का प्रतिबिम्ब था। जैसे-जैसे वह वय:सन्धि के निकट पहुँचती, उसकी स्वतन्त्रता पर रोक लगा दी जाती। माहवारी के दिनों में उसे किसी को छूने या खाना बनाने की अनुमति नहीं थी। उर्वर होने पर

स्त्रियों के कर्म–काण्ड

उसका महत्त्व था और जब वह उर्वर न होती, जैसे माहवारी के दौरान या विधवा बनने पर, तो वह भय उपजाती। यह स्त्रियों में चिन्ता, उद्विग्नता, अवसाद और कुण्ठा पैदा करता जो उसकी 'उन्मादी समाधियों' के लिए आम तौर पर दी जाने वाली सफाई थी, दबी हुई भावनाओं को निकालने का एक तरीका। परम्परागत रूप से इसे 'देवी आना' कहा जाता यानी स्त्रियों को देवी का माध्यम बना दिया जाता, जो वह सब कह सकती थी जिसे वह वैसे कभी नहीं कह सकती थी।

ग्रामीण मन्दिरों में देवियों की कथाएँ अक्सर गाँव और प्रकृति के बीच इस तनाव को प्रतिबिम्बित करती हैं, साथ ही विवाहित जीवन में स्त्रियों और पुरुषों के बीच के तनाव को भी। ऐसी कथाओं में सबसे लोकप्रिय है रेणुका-येलम्मा की कथा। धर्म-शास्त्रों में संस्कृत में इस कथा का एक लिखित रूप भी है और एक मौखिक रूप भी है।

पुराणों में दी गयी कथा के अनुसार एक दिन रेणुका नदी में एक सुन्दर गन्धर्व को नहाते देखती है। क्षण भर के लिए उसके मन में उस गन्धर्व के प्रति काम-वासना जागती है। इससे पहले उसने मन में अपने पति महा तपस्वी जमदग्नि के सिवा किसी और के प्रति कभी वासना को जगह नहीं दी। ऋषि को रेणुका की निष्ठा की क्षणिक कमी का अनुभव हो जाता है और वह रेणुका का सिर काटने का आदेश देते हैं। जो पुत्र ऐसा करने से मना करते हैं, उन्हें हिजड़े बनने का शाप दिया जाता है। सबसे छोटा बेटा परशुराम अपना फरसा उठाता है और अपनी माँ की गर्दन काट देता है।

इसके बाद क्या होता है, इसके कई मौखिक रूप हैं। एक प्रारूप में जब पिता अपने आज्ञाकारी पुत्र को वर देते हैं तो वह माँग करता है कि उसकी माता जीवित कर दी जाये और जमदग्नि के तप से संचित शक्तियों के बल पर ऐसा ही होता है। एक और प्रारूप में एक गैर-ब्राह्मण स्त्री इस मातृ-हत्या को रोकने का प्रयास करती है और अपनी गरदन कटा बैठती है; परशुराम अपनी माता का सिर उस गैर-ब्राह्मण स्त्री के धड़ पर लगा देते हैं—यह भ्रम पैदा करते हुए कि उनकी असली माँ कौन है। एक और प्रारूप में सिर और धड़ अपने-अपने ढंग से देवत्व प्राप्त कर लेते हैं : सिर येलम्मा है और धड़ हुलिगम्मा। यहाँ तनाव सिर्फ सतीत्व और निष्ठा ही का नहीं है, जाति और वर्ण का भी है।

रेणुका-येलम्मा और उसकी कथा पर आधारित पोस्टर

रेणुका-येलम्मा कथा के मौखिक रूप में एक युवा ब्राह्मण कन्या को पता चलता है कि उसका पति ब्राह्मण नहीं है और क्रोध में वह उसकी गरदन काट देती है, कुछ लोगों का विश्वास है कि यह कथा एक बिलकुल भिन्न ग्राम-देवी के बारे में है, जिसे अक्सर अम्मावेरु कह कर सम्बोधित किया जाता है, जिस नाम का मतलब होता है देवी या 'अम्मा', जो व्यापक रूप से ग्राम-देवी का नाम है।

जहाँ पौराणिक कथा में स्त्री का वध होता है, लोक कथा में पुरुष है जो मारा जाता है। पौराणिक कथा में ब्राह्मण स्त्री मारी जाती है, क्योंकि वह पर-पुरुष के प्रति अपनी कामुक इच्छा के साथ-साथ गैर-ब्राह्मण स्त्री के साथ अपने सम्पर्क से 'दूषित' हो गयी है। मौखिक कथा में मारा जाने वाला पुरुष झूठा ब्राह्मण था।

रेणुका का सिर और धड़, दोनों उपासना के पात्र हैं, खास तौर पर भारत के दक्कन के क्षेत्र में। अलग-अलग ढंग से येलम्मा और हुलिगम्मा के रूप में प्रसिद्ध उसका आह्वान स्त्रियों और बच्चों द्वारा सामान्य रूप से होता है और आम तौर पर देवदासियों के सम्प्रदाय से जोड़ी जाती है—उन औरतों से, जो विवाह की सीमाओं से नहीं बँधी होतीं। हालाँकि यह प्रथा इन स्त्रियों को अपने मन से और सामाजिक प्रतिष्ठा खोये बिना प्रेमी खोजने की छूट देने के लिए थी, इसका अन्त इन स्त्रियों के वेश्या बनने में हुआ, क्योंकि उन्हें सम्पत्ति के सभी स्रोतों से वंचित कर दिया गया था।

पतिव्रता, साध्वी स्त्रियों को धर्मशास्त्रों में सती कहा गया है और उन्हें अलौकिक शक्ति-सम्पन्न बताया जाता है। मिसाल के लिए, पर-पुरुष से आकर्षित होने से पहले रेणुका में पानी को कच्चे मटके में भर लाने की शक्ति थी। 'रामायण' में सीता अग्नि-परीक्षा से सकुशल इसीलिए निकल आती है, क्योंकि वह मन और देह से सच्ची है। पुराणों में शीलवती की कथा है जो अपने सतीत्व के बल पर सूर्य को भी उदित होने से रोक देती है। सतीत्व स्त्री को देवताओं से भी अधिक शक्तिशाली बना देता है, जैसा कि हमें अनसूया की कथा से पता चलता है।

अपनी पत्नियों के अनुरोध पर शिव, विष्णु और ब्रह्मा, तीन युवकों का रूप

येलम्मा की एक देवदासी का फोटो

धर कर, अत्रि ऋषि की सत्यनिष्ठ पत्नी अनसूया को फुसलाने की कोशिश करते हैं। वे अनसूया से उसकी छाती से दूध पीने की अनुमति चाहते हैं ताकि अपने उपवास को समाप्त कर सकें। अनसूया सहमत हो जाती है, पर उसके सतीत्व का बल ऐसा है कि जैसे ही वह अपना वक्ष उघाड़ती है, तीनों देवता शिशुओं में बदल जाते हैं और दोबारा अपने मूल रूप में तभी आ पाते हैं, जब उनकी पत्नियाँ आ कर क्षमा माँगती हैं।

विश्वास यह था कि सती अपने सतीत्व-बल से अपने पति की रक्षा करती है। जब वृन्दा के पति, जालन्धर नामक असुर, को देवताओं ने मार डाला, हरेक ने उस पर दुश्चरित्रता का आरोप लगाया। फिर वृन्दा को पता चला कि विष्णु स्वयं जालन्धर का भेस बना कर उसके घर आये थे। चूँकि वह विष्णु-भक्त है, इसलिए यह जान कर वह क्रुद्ध हो जाती है कि उन्होंने इस तरह उसके साथ छल किया है और न्याय की माँग करती है। देवताओं को बचाने के लिए अतिरिक्त उत्साह दिखाने के शाप-स्वरूप विष्णु शालिग्राम पत्थर में बदल जाते हैं और वृन्दा तुलसी के पौधे में रूपान्तरित हो जाती है और घर के आँगन में रखी जाती है—बाहर, लेकिन फिर भी अन्दर। विष्णु की कोई उपासना तुलसी के पत्तों के बिना पूरी नहीं मानी जाती। वह हर घर में स्त्रियों को सतीत्व के महत्त्व और शक्ति की याद दिलाने के लिए मौजूद रहती है।

यह विश्वास कि स्त्री का सतीत्व उसके पति की रक्षा करता है, आगे चल कर कुख्यात 'सती-प्रथा' के लोकप्रिय होने का एक कारण बना, खास तौर पर योद्धा समुदायों में, जैसे राजस्थान के राजपूत, जहाँ स्त्रियाँ युद्ध में मारे गये अपने पतियों की चिताओं पर खुद भी जल मरती थीं। इस प्रथा को बहुत मान्यता दी गयी और इसका गुणगान हुआ और इन स्त्रियों को देवियाँ बना दिया गया। यह स्वेच्छा से किया जाने वाला काम था और सबका विश्वास था कि सती की शक्ति ज्वालाओं की आँच से इन स्त्रियों की रक्षा करेगी। राजस्थान और भारत के कई अन्य स्थानों पर रानी-सती-माता की पूजा अब भी होती है, हालाँकि यह प्रथा अब गैर-कानूनी बना दी गयी है, क्योंकि इसे स्त्रियों के साथ दुर्व्यवहार करने और उनके शोषण को बढ़ावा देने वाले विश्वास के रूप में देखा गया।

हिन्दुत्व के दो बड़े महाकाव्यों—'रामायण' और 'महाभारत'—की नायिकाएँ,

अनसूया और अत्रि का पुत्र दत्त (दत्तात्रेय) जिसमें शिव, विष्णु और ब्रह्मा का सार है
अनसूया तीन वयस्क ऋषियों को छाती से दूध पिलाने का आश्वासन देती है, हालाँकि पोस्टर उसे सामान्य भोजन परोसते हुए दिखा कर केवल इसका संकेत देता है
शिव, विष्णु और ब्रह्मा शिशुओं में बदल जाते हैं, जब अनसूया उन्हें भोजन देती है

अनसूया का पोस्टर

सीता और द्रौपदी हमेशा वन्य और स्वाधीन, प्रभुत्वशाली काली और लजीली और निर्भर गौरी के बीच की रेखा पर रहती हैं। वे प्रकट रूप में पत्नियों की तरह दिखती हैं, पर चुनौती दिये जाने पर अपने काली-सरीखे रूप को प्रदर्शित करती हैं। उन्हें घरेलू बनने के लिए विवश नहीं किया जाता, वे मानवता के प्रति सहानुभूति के चलते स्वेच्छा से अपने को घरेलू बना लेती हैं। उन्हें जबरदस्ती वश में करने और रेणुका-सरीखा बनाने का कोई भी प्रयास, उन्हें उग्र देवियों में बदल देता है, जो वशीभूत होने से इनकार करती हैं। यह बात सीता के मामले में पुष्ट होती है, जिसके पास अपने पति राम से विश्वासघात करने के अनेक कारण हैं, जो लगातार उसके सतीत्व पर सन्देह करते हैं, लेकिन सीता राम से विमुख होने से इनकार कर देती है।

लेकिन द्रौपदी अपने साथ किये गये अत्याचार को चुपचाप सहने के लिए तैयार नहीं होती और बदले की माँग करती है। 'महाभारत' में, द्रौपदी को भरी सभा में वेश्या बताते हुए, कौरव उसके चीर-हरण का प्रयास करते हैं, क्योंकि उसके पाँच पति हैं। क्रुद्ध द्रौपदी अपने केशों को तब तक खुले रखने का प्रण करते हुए, जब तक वह उन्हें अपने साथ अत्याचार करने वालों के रक्त से धो न ले, अपने कोप का प्रदर्शन करती है। वह लजीली गौरी नहीं रह जाती, बल्कि काली का रूप धरती हुई प्रतीत होती है। इससे कौरवों के पिता धृतराष्ट्र इतना डर जाते हैं कि वे द्रौपदी को अपने पतियों के साथ, जिन्होंने मूर्खता में अपने साथ उसको भी दाँव पर लगा दिया था, सभा से प्रतिष्ठापूर्वक जाने की विनती करते हैं। अन्ततः, युद्ध होता है और द्रौपदी अपने अत्याचारियों के रक्त से अपने केश धोती है। इसलिए दक्षिण में द्रौपदी की उपासना भी दूसरी ग्राम-देवियों की ही तरह अम्मन के रूप में होती है, जो आतंक उपजाती हैं और जिन्हें शान्त करना होता है। ग्राम-देवियों में द्रौपदी मौन, सहनशील सीता से—जिसे खेदजनक रूप से बीसवीं सदी के नारीवादी वर्णनों में भी रिरियाती हुई, भग्न-हृदय अबला के रूप में प्रस्तुत किया जाता है—अधिक लोकप्रिय है।

'महाभारत' में सप्तर्षियों की पत्नियों की कथा आती है, जिनका सामना अग्नि से

महाकाव्यों की नायिकाओं की उपासना

होता है। इन में से छः स्त्रियाँ अग्नि से बिना विवाह के किसी भी चिह्न के मिलती हैं। परिणाम यह होता है कि अग्नि के ताप और प्रकाश से वे गर्भवती हो जाती हैं। बाद के प्रारूपों में वे एक ताल में उतरती हैं जिसमें शिव ध्यान लगाये हुए हैं और वे गर्भवती हो जाती हैं, क्योंकि शिव की शक्ति जल में व्याप्त है। उन स्त्रियों के पति उन पर दुश्चरित्रता का आरोप लगा कर घर से निकाल देते हैं। वे अपने शरीर के भ्रूणों को त्याग कर वन में चली जाती हैं। त्यागे गये भ्रूणों से वन में आग लग जाती है। जब ज्वालाएँ शान्त होती हैं, वे छः भ्रूण मिल कर एक शिशु बन जाते हैं—युद्ध का देवता स्कन्द जिसे मुरुगन के नाम से भी जाना जाता है। स्त्रियाँ उसे मारने की कोशिश करती हैं, पर वह उन्हें अपनी माताएँ मानते हुए शान्त करता है और घोषित करता है कि जो उनका आदर-सम्मान नहीं करेगा, वह कष्ट पायेगा। उनके पास गर्भपात कराने और शिशुओं को खसरा, चेचक और हैजे से मारने की शक्ति होगी।

इस तरह गाँव के बाहर, अक्सर ग्राम-देवियों से सम्बद्ध उन देवियों के भी मन्दिर या 'स्थान' मिलते हैं जो रोग और मृत्यु से जुड़ी होती हैं। इन्हें जरी-मरी / जारी-मारी कहते हैं—जो शरीर को ताप और बुखार से पीड़ित करती हैं—या शीतला—जो शरीर को ठण्डा करती है। समय-समय पर उसे चढ़ावे में नीम की पत्तियाँ, नींबू और दही का चढ़ावा चढ़ता है, साथ ही वधुओं के कपड़े, आदि, ताकि वह प्रसन्न रहे और गाँव के बच्चों को अपने कोप का निशाना न बनाये।

शीतला की पूजा हिन्दुत्व का एक दिलचस्प पहलू है। अधिकतर संस्कृतियों में जो अवांछित तत्व होते हैं, उन्हें हटा दिया जाता है। लेकिन हिन्दुत्व में जो अवांछित है, उसे भी वैध मान कर उचित सम्मान दिया जाता है। वह जो ज्वर, फुंसियाँ और त्वचा पर दाने पैदा करती है, देवी की तरह पूजी जाती है : वह भी प्रकृति का एक अंग मानी जाती है, प्रकृति का अवांछित अंग, लेकिन फिर भी प्रकृति ही। उसे स्वीकार किया जाता है, मगर आदरपूर्वक घर से दूर रहने के लिए कहा जाता है। हर कोई उसकी उपेक्षा करने के परिणामों को जानता है। वह प्रतिशोध में वार करेगी—मनुष्य द्वारा बनाये गये हर प्रतिबन्ध और हर नियम को तोड़ती हुई, उस सब को मिटाती हुई, जिसे संस्कृति स्थापित करना चाहती है।

देवी के इस पक्ष की उग्रता पेरियाची अम्मन की कथा में साफ-साफ दिखती

रोग कारक देवी की छवि

दायी देवी पेरियाची

है, जो तमिलनाडु में यहाँ तक कि सिंगापुर और मलयेशिया में भी मिलती है, जहाँ इस देवी की उपासना ले जायी गयी है। कथा यह है कि एक समय में एक दुष्ट राजा था, जिसने अपनी रियाया को बहुत उत्पीड़ित कर रखा था। जब उसकी पत्नी गर्भवती हुई तो ज्योतिषियों ने कहा कि अगर बच्चे के पैर पृथ्वी पर पड़ेंगे तो संसार समाप्त हो जायेगा। इसलिए, जब रानी के बच्चा पैदा करने का समय आया तो कोई दायी अपनी सेवाएँ देने को तैयार नहीं हुई। अन्ततः देवी उस स्त्री के कष्ट को दूर करने के लिए आयी। जैसे ही बच्चा पैदा हुआ, देवी ने बच्चे को धरती पर न रखते हुए, अपने हाथों में ऊपर उठाया और राजा से अपना पारिश्रमिक माँगा। राजा ने यह जानते हुए इनकार कर दिया कि दायी कुछ नहीं कर सकती थी—अगर वह बच्चे को धरती पर रखती तो संसार का नाश निश्चित था, और साथ में उसका भी। देवी मुदित हुई। उसने अपनी दो बाँहों को कई बाँहों में बदल दिया। उसने रानी का पेट फाड़ दिया और राजा को पैरों के नीचे कुचल दिया। लेकिन पूरा समय उसने बच्चे को अपने हाथ में ऊपर उठाये रखा, ताकि संसार नष्ट न हो।

यह कथा देवी के दोनों पक्ष उजागर करती है—दुष्ट रूप भी और कल्याणकारी रूप भी। प्रकृति दयालु भी हो सकती है और निर्मम भी। हम उसे अपने पक्ष में घरेलू और पालतू बनाने की कोशिश कर सकते हैं, पर हमें उसके दूसरे, अँधेरे पक्ष के बारे में सतर्क रहना चाहिए।

दुर्गा और शक्ति—ये शब्द अक्सर एक ही अर्थ में इस्तेमाल किये जाते हैं। लेकिन दोनों में एक सूक्ष्म अन्तर है। शक्ति का मतलब होता है—बल या ताकत जो प्राकृतिक है। दुर्गा शब्द से 'दुर्ग' का ध्यान हो आता है जो बनावटी है। इस तरह शक्ति उस बल का साकार रूप है, जो प्राकृतिक है; जबकि दुर्गा उस बल को साकार करती है, जो सांस्कृतिक है। संस्कृति में शक्ति या बल कानूनों से, नियमों से निर्मित होता है। ये नियम-कानून बलशालियों से ताकत को लेते हैं, ताकि कमजोरों की रक्षा हो सके, यह दुर्गा को दुर्बल लोगों की रक्षक बना देता है, जिसका आह्वान युद्ध के समय योद्धा और राजा करते हैं। वह दुर्ग की रक्षक है, राजाओं की संरक्षक है और

राम के सामने प्रकट होती दुर्गा का पोस्टर

वधू के अलंकृत वेश में, लेकिन केश खोले, सिंह पर सवार, अपने अनेक हाथों में तरह-तरह के अस्त्र लिये युद्ध में जाती है।

'रामायण' में रावण और राम दुर्गा का आह्वान करते हैं; बंगाल की लोक कथाओं में पूजा के समय राम एक कमल कम पाने पर अपनी एक आँख प्रस्तुत करते हैं। 'महाभारत' में कौरव और पाण्डव दुर्गा का आह्वान करते हैं; तमिल लोक कथा में अर्जुन अपने पुत्र अरवान की बलि देता है। जो बलि देते हैं, वे विजयी होते हैं। क्या बलि चढ़ाते हैं वे? राम की आँख और अर्जुन का पुत्र, दोनों मोह और लगाव की निशानियाँ हैं। इस तरह मोह और लिप्सा की बलि दी जाती है। लिप्सा किस की, मोह किससे? मोह अपने भ्रम से; उससे, जिसे हम सत्य समझते हैं।

वन में नायक, खलनायक और बलि या शिकार जैसा कुछ नहीं होता। लेकिन संस्कृति में नायक, खलनायक और शिकार या बलि होती है। हमें लगता है हमारे साथ अन्याय हो रहा है और हम नायकों की खोज करते हैं, जो खलनायकों को नष्ट कर देंगे। यह मानवता का सबसे बड़ा भ्रम है,

एक दिन एक राजा ने बाज को कबूतर का पीछा करते देखा। उसने फैसला किया कि वह उस कबूतर को मारे जाने से बचायेगा। 'तो अब मैं खाऊंगा क्या?' बाज ने पूछा। जब राजा ने उसे किसी और को खाने के लिए कहा तो बाज ने कहा,'आप कबूतर को बचा सकें, इसके लिए कोई और क्यों मरे?' जब राजा ने उसे कोई शाकाहारी चीज़ खाने के लिए कहा तो उसने जवाब दिया, 'प्रकृति ने मुझे मांसाहारी बनाया है। क्या तुम सोचते हो कि तुम प्रकृति का नियम बदल सकते हो, उसमें सुधार कर सकते हो?'

मानवीय कल्पना हमें प्रकृति को जाँचने के योग्य बनाती है और उसके तरीकों को अस्वीकार कर देती है। हम जंगल के नियम और तरीकों को अस्वीकार करते हैं, जो केवल योग्य और सक्षम का पक्ष लेते हैं। हम समाज बनाते हैं, जहाँ नियम सुनिश्चित करते हैं कि अयोग्य और अक्षम भी जीवित रह सकते हैं। ऐसा करके हम शिकारों, खलनायकों और नायकों की सृष्टि करते हैं। माना जाता है कि नियम उन लोगों को बचायेंगे, जिन्हें प्रकृति ने शिकार बनाया है (जो अक्षम हैं)। जो इन नियमों की रक्षा करते हैं, वे नायक हैं; जो इन्हें तोड़ते हैं, वे खलनायक हैं।

लेकिन अलग-अलग समुदाय अलग-अलग नियमों और कानूनों पर चलते

देवी के पूरक पक्षों का चित्रण करते पोस्टर

हैं। सही कानून कौन-सा है? कौन-सा नियम सब पर लागू होता है, या हो सकता है? जो कानून कबाइली समुदायों के पक्ष में होते हैं (वन की रक्षा करते हैं), वे उन कानूनों के खिलाफ होते हैं जो कृषि पर आधारित समुदायों के पक्ष में होते हैं (अधिक खेत बनाते हैं)। जो कानून कृषि समुदायों के हितों की रक्षा करते हैं, वे नगरों में रहने वाले समुदायों (इमारतों, दफ़्तरों और औद्योगिक क्षेत्रों) के हितों की रक्षा नहीं करते। जो एक के लिए न्यायपूर्ण है वह दूसरे के लिए न्यायपूर्ण नहीं है (वे कानून जो विपरीत लिंगी यौन-सम्पर्क का पक्ष लेते हैं और समलैंगिकों का बहिष्कार करते हैं)। यह सब संघर्ष—युद्ध—की दिशा में ले जाता है, जिसमें दुर्गा का आह्वान होता है। और अधिक कानून, अधिक न्यायपूर्ण और सन्तुलित कानून बनाये जाते हैं पर वे हर हाल में कानून ही रहते हैं।

वन में कोई जानवर शिकायत नहीं करता। वे भोजन श्रृंखला और पशु समाज की श्रेणी में अपनी जगह स्वीकार कर लेते हैं। वे जानते हैं कि कुछ भी स्थायी नहीं है। एक मामले में जो शिकारी है (चूहे के पीछे लगा साँप), वह दूसरे सन्दर्भ में शिकार है (साँप को दौड़ाती चील)। प्रभुत्व की स्थिति में जो दमदार है, उसे एक युवा अधिक ताकतवर दमदार के लिए जगह खाली करनी पड़ती है, जो अन्ततः हर हाल में उभर कर सामने आता ही है। मनुष्य ऐसे नियमों की तलाश करते हैं, जो स्थायी संसार स्थापित करते हैं—इसीलिए पुराणों में अमृत की खोज है जो देवताओं की अमरावती को निर्मित करती है। लेकिन देवों की अमरावती हमेशा घिराव में रहती है, असुरों की ओर से संकटग्रस्त, जो उस पर कब्जा करना चाहते हैं। देवता लड़ते हैं, शिव, विष्णु और दुर्गा की सहायता खोजते हैं, लेकिन शक्ति—आन्तरिक बल—को भूल जाते हैं, जो हमें यह समझने के योग्य बनाती है कि समानता और न्याय की धारणाएँ मनुष्यों की बनायी हुई हैं, कि उचित और न्यायपूर्ण के बारे में अलग-अलग लोगों की अलग-अलग धारणाएँ होती हैं और संघर्ष की यही वजह है।

आन्तरिक शक्ति हमें यह देखने के काबिल बनाती है कि दूसरों के दृष्टिकोण से हम खलनायक हो सकते हैं। हम असुर हैं, जो देवों को तंग कर रहे हैं; हम अनिवार्य

शिवाजी जिन्होंने सत्रहवीं सदी में मराठा राष्ट्र का निर्माण किया
सिख परम्परा देवी को स्वीकार नहीं करती, पर कृपाण को हमेशा भगौती कहा जाता है, जिससे भगवती की ध्वनि आती है

तुलजा-भवानी—शिवाजी और उनके मराठा सिपाहियों की आराध्य देवी

अम्बा-बाई मराठा राजवंश की संरक्षक देवी बनी जब एक शाखा आधार हटा कर कोल्हापुर ले गयी

राजाओं की देवी

रूप से देवता नहीं हैं, जिन्हें दुर्गा की सहायता की ज़रूरत है। हम हैं, जिनके सिर काटे जाने चाहिएँ। हमारा अहं ही हमारे चारों ओर की समस्याओं की जड़ है। हमारे बारे में सच का सामना करना आसान नहीं है। उसके लिए शक्ति की ज़रूरत होती है। जब हम अपने भयों के लिए समस्याओं को चिह्नित कर लेंगे, सिर्फ तभी हम दूसरों के लिए दुर्गा बन सकेंगे, उनके अपने भयों से उनकी रक्षा करते हुए।

5. लक्ष्मी का रहस्य

धन-सम्पदा मुक्त कर सकती है

लक्ष्मी के आठ रूपों को चित्रित करता पोस्टर : सभी कमल पर आसीन

सजीव, यानी जो जीवित हैं, भोजन की तलाश करते हैं, अजीव और निर्जीव नहीं। यह भोजन को जीवन का परम लक्ष्य बना देता है। लक्ष्य से आती है लक्ष्मी। प्रकृति में लक्ष्मी अन्न है, संस्कृति में धन-समृद्धि।

लक्ष्मी को कमला कहते हैं। जैसे कमल की सुगन्ध, रंग और मकरन्द मधुमक्खियों को आकर्षित करता है, ठीक वैसे ही भोजन सभी जीवों को अपनी ओर खींचता है। पौधे सूरज की रोशनी की तरफ जाते हैं, पशु चरागाह और शिकार की तरफ। भोजन कभी किसी की तरफ नहीं जाता; सभी भोजन की तरफ जाते हैं।

लक्ष्मी की खोज भोजन-शृंखला का निर्माण करती है : पौधों को सूर्य की किरणों और पानी की खोज होती है, शाकाहारी पशु घास और वनस्पति खोजते हैं और मांसाहारी पशु आहार के लिए दूसरे पशुओं की तलाश करते हैं।

लक्ष्मी की खोज सामाजिक श्रेणियाँ भी बनाती है। शाकाहारी पशु अपनी सुरक्षा के लिए समूह बनाते हैं, जिन्हें झुण्ड कहते हैं। मांसाहारी पशु जत्थे बनाते हैं, ताकि शिकार खोजने के अपने अवसरों को बेहतर बना सकें। झुण्ड और जत्थे में बल पर आधारित श्रेणियाँ होती हैं—क्रम ऊपर से नीचे का होता है। सबसे बलशाली ऐल्फा यानी प्रधान या मुखिया होता है, जो बाकियों को अपने अधीन रखता है और अधिक भोजन और अधिक संगी पाता है। ओमेगा यानी सबसे कमज़ोर को सबसे कम भोजन और सबसे कम संगी मिलते हैं। इस तरह ये श्रेणियाँ यह सुनिश्चित करती हैं कि जो सबसे योग्य और सक्षम है, वही जीवित रहे, ताकि अगली पीढ़ी पिछली पीढ़ी से अधिक क्षमतावान हो और उसके जीवित रहने की सम्भावना भी अधिक हो।

शेर प्रमुख मांसाहारी है, भोजन-शृंखला में सबसे ऊपर। लेकिन शेर भी हाथी पर हमला नहीं करता जो उससे कहीं बड़ा है। हाथी का कोई प्राकृतिक अहेरी नहीं है। यही कारण है कि लक्ष्मी के साथ सबसे अधिक सम्बन्ध हाथी का है।

एक और कारण जिससे लक्ष्मी का सबसे अधिक हाथी से सम्बन्ध है, यह है कि यह पशु हमेशा पानी से सम्बन्धित रहता है। जहाँ पानी है, वहाँ जीवन है; जहाँ खूब पानी है, वहाँ आम तौर पर हाथी होते हैं। हाथियों को पानी में तैरना पसन्द

लक्ष्मी को हाथियों के साथ दर्शाता लघु चित्र

है और वे अपनी सूँडों से एक-दूसरे पर पानी का छिड़काव करते रहते हैं। हाथियों का जोड़ा अक्सर लक्ष्मी पर अपनी उठी हुई सूँडों से पानी छिड़कता देखा जा सकता है जो वर्षा का ध्यान दिलाता है। काले गरजते बादलों की उपमा चिंघाड़ते हाथियों से दी जाती है। सूखे के दिनों में जिस जानवर को यह पक्का पता होता है कि पानी कहाँ है, वह झुण्ड की सबसे बूढ़ी माता होती है जिसकी उम्र वन के किसी और पशु से अधिक होती है।

पुराणों के अनुसार प्रमुख दिशाओं में क्रम से हाथियों के आठ जोड़े स्थित होते हैं, जिन्हें दिग्गज कहते हैं और जो किसी-किसी पाठ में आकाश को ऊपर उठाये रहते हैं और किसी-किसी पाठ में धरती को। ये साधारण हाथी नहीं हैं, ये विशेष हैं : गाय के दूध की तरह श्वेत, क्योंकि गाय का दूध वैदिक जन को बहुत प्रिय था, जिन्होंने तीन हज़ार साल पहले लक्ष्मी की स्तुति में श्री सूक्त रचा था और उसका जाप करते थे।

पुराणों में लक्ष्मी के तीन पिता हैं; वरुण, पुलोमन और भृगु। वेदों में वरुण असुर है, लेकिन पुराणों में वह देव बन जाता है—सागर का देवता, सारे जल का स्रोत। पुराण पुलोमन का वर्णन असुर-राज कह कर करते हैं और भृगु का वर्णन असुर-गुरु कह कर। इससे लक्ष्मी असुरों की पुत्री सिद्ध होती है।

'असुर' शब्द को इधर के युगों में एक नैतिक अभिप्राय से मण्डित कर दिया गया है; बच्चों की किताबों में वे साँवले, मोटे और कुरूप कल्पित किये जाते हैं, सिर पर सींगों वाले—दुष्ट और भयानक। तब यह मानना सरल है कि असुरों से लक्ष्मी का सम्बन्ध धन-समृद्धि के भ्रष्ट करने वाले और भौतिकतावादी प्रभाव के डर से पैदा हुआ है। लेकिन असुरों को बुराई से और इस तरह देवों को अच्छाई से जोड़ना, इन शब्दों का सही अनुवाद की बजाय एक सुविधाजनक अनुवाद है, जो यहूदी-इस्लामी-ईसाई चश्मे का नतीजा है जो पहले मुगलों और फिर अंग्रेज़ों के साथ भारत में आया।

पुराणों में देव और असुर—दोनों ब्रह्मा की सन्तान हैं। देव आकाश में रहते हैं

लक्ष्मी से निकट सम्बन्ध रखने वाले, दिशाओं के रक्षक दिग्पालों की प्रतिमाएँ

और असुर धरती के नीचे। सारी समृद्धि का अस्तित्व धरती के नीचे है, क्योंकि धरती के नीचे ही से बीज अंकुरित होते हैं, धातुएँ निकलती हैं और पानी छिपा रहता है। इस समृद्धि को बाहर निकालने के लिए हमें सूर्य, वायु, अग्नि और वर्षा की ज़रूरत होती है; दूसरे शब्दों में हमें देवों की ज़रूरत होती है, जो फिर 'देवता' बन जाते हैं, क्योंकि उनके कृत्य मानवता को लाभ पहुँचाते हैं। असुर 'दैत्य' बन जाते हैं, क्योंकि वे लक्ष्मी को मानवों के साथ बाँटने का विरोध करते हैं।

सागर के देवता के रूप में वरुण नमक और मछलियों और मोतियों की अपनी समृद्धि मुक्त भाव से देते हैं, बिना बदले में कुछ माँगे। शायद यही कारण है कि वरुण असुर नहीं, देव हैं। वरुण उदारता के भी प्रतीक हैं : वह जो सचमुच समृद्ध है।

पुलोमन धरती के नीचे के प्रदेश के स्वामी हैं और लक्ष्मी को आसानी से मुक्त नहीं करते। मानवता को धरती के नीचे से समृद्धि प्राप्त करने के लिए कृषि और खनन की जटिल प्रक्रियाओं का आविष्कार करना पड़ता है। जो समृद्धि प्राप्त होती है, उसे पुलोमी कहते हैं, जिसका मतलब है पुलोमन की बेटी, जो लक्ष्मी का एक और नाम है।

असुरों के गुरु भृगु का सम्बन्ध भविष्यवाणी और दूरदृष्टि से है। उनके पुत्र शुक्र रचनात्मकता से जुड़े हैं। जो आदमी भविष्य को जान सकता है, जिसमें दूरदृष्टि है और जो रचनात्मक है, उसके समृद्ध बनने की सम्भावना अधिक है। इसीलिए लक्ष्मी को भार्गवी कहा जाता है—भृगु की बेटी। इससे वह शुक्र की बहन बन जाती है।

लक्ष्मी का महत्त्व तभी होता है, जब वह अपने पिता के घर से निकलती है, जब वह जल के अन्दर डूबी हुई या धरती के नीचे दबी हुई नहीं रहती। इस तरह, समृद्धि का निर्माण एक उग्र, हिंसात्मक प्रक्रिया है : खेतों और मनुष्यों की बस्तियों के लिए वनों को नष्ट करना पड़ता है। उद्योगों के लिए कच्ची सामग्री को धरती के नीचे से खोद कर निकालना पड़ता है। संक्षेप में, लक्ष्मी को पाने के लिए 'असुरों' को मारना पड़ता है। वह अपने पिता के घर से निकल कर जब आकाश के देवता, वर्षा के स्वामी और अमरावती के अधीश्वर इन्द्र के बगल में बैठती है, तभी जगमगाती है।

लक्ष्मी और विष्णु का पोस्टर

प्रकृति से प्राप्त की गयी मनुष्यों की समृद्धि का सबसे अच्छा प्रतीक घट है। घट या कुम्भ मनुष्यों का आविष्कार है, जिसकी सहायता से वे पानी के स्वामी बन सकते हैं और जहाँ चाहें, उसे ढो कर ले जा सकते हैं। कुम्भ सांस्कृतिक हस्तक्षेप की, उद्यम और हाट-बाज़ार की निशानी है, प्राकृतिक संसाधनों से मूल्य-निर्माण का प्रतीक है। वन में पानी सभी जानवरों को उपलब्ध है; लेकिन मटके में पानी मटके के स्वामी का है और उसका जिसे वह दे दे। लक्ष्मी जो घट है, उसका स्वामी इन्द्र है और वह असुरों से छीन कर लाया गया है।

देवों द्वारा समय-समय पर मारे गये असुरों को शुक्र पुनर्जीवित कर देते हैं, जिनके पास संजीवनी-विद्या नामक रहस्य है, जो मरे हुओं को दोबारा ज़िन्दा कर देता है। यह धरती की उर्वरता की ओर इशारा है, जो साल-दर-साल फसलें पैदा करती रहती है। फसल की कटाई को देवों द्वारा असुरों के वध के बराबर ठहराया गया है—हिंसा का कृत्य, जो लक्ष्मी को किसान के घर आने-योग्य बनाता है। इस तरह, भारत में फसल-कटाई के त्योहार—चाहे वह वसन्त-नवरात्रि का त्योहार हो या शारदीय-नवरात्रि का—जो गर्मियों और सर्दियों के कृषि-चक्र को सूचित करते हैं, अनिवार्य रूप से असुरों के वध से जुड़े हैं : मिसाल के लिए दुर्गा दशहरे में महिषासुर का वध करती है और कृष्ण दीवाली में नरकासुर का वध करते हैं। यही कारण है कि देवों और असुरों के बीच युद्ध चक्रीय है। वह तब तक नहीं खत्म होगा, जब तक मनुष्य प्रकृति के खजाने से अपनी झोलियाँ भरते रहेंगे और प्रकृति की उर्वरता के पुनर्जीवन का प्रयास करते रहेंगे।

इन्द्र की पत्नी के रूप में लक्ष्मी शची के नाम से जानी जाती है और इन्द्र सचिन के नाम से जाने जाते हैं। लक्ष्मी के आगमन पर अमरावती स्वर्ग बन जाती है, क्योंकि वह अपने साथ इच्छाएँ पूरी करने वाला वृक्ष—कल्पतरु—और इच्छा पूरी करने वाली गाय—कामधेनु—लाती है; साथ ही इच्छा पूरी करने वाली चिन्तामणि और अन्न और स्वर्ण से हमेशा भरा रहने वाला अक्षय पात्र भी लाती है। ये उपहार देवों को सुख-समृद्धि का जीवन बिताने-योग्य बना देते हैं। उन्हें एक दिन भी काम नहीं

देवराज इन्द्र का लघु चित्र

करना पड़ता। उन्हें बस इच्छा प्रकट करनी है और उनकी इच्छाएँ पूरी हो जाती हैं। यह ईर्ष्या-योग्य जीवन-शैली है।

जो बात पुराणों में कहीं भी स्पष्ट नहीं की जाती कि इन्द्र को उस सारे आनन्द का अधिकार क्यों है, जो देने के लिए लक्ष्मी के पास है। यह बस मान लिया गया है कि समृद्धि देवों की है। इसके लिए कोई कारण नहीं बताया गया है।

आधुनिक पाठों में 'असुरों' को अक्सर 'आदि' वनवासी बताया जाता है, जिन्हें 'प्रवासी' देवों ने विस्थापित कर दिया, जो अपने साथ अधिक ऊँची कृषि और पशुपालन विधियाँ ले कर आये थे। समाज-शास्त्रीय ढंग से असुरों और देवों के अन्तहीन संघर्ष को इसी रूप में समझाया जाता है। मार्क्सवादी नृतत्वशास्त्री देवों को 'सम्पन्न' वर्गों में रखते हैं और असुरों को 'सर्वहारा' के बराबर ठहराते हैं। परम्परावादियों का रुझान देवों को 'भले' कह कर बताने का है और इस नाते वे देवों को लक्ष्मी के अधिकारी मानते हैं, लेकिन इसका कोई मतलब नहीं निकलता, क्योंकि पुराणों में इन्द्र को हमेशा सोम-रस से मत्त, अप्सराओं के साथ राग-रंग में डूबा और अक्सर ऋषियों के प्रति उदासीन, यहाँ तक कि कभी-कभी उद्दण्ड भी, दिखाया जाता है।

असुरों के दृष्टिकोण से इन्द्र चोर है। लेकिन अगर देव लक्ष्मी को धरती के नीचे के क्षेत्र से 'चुराते' नहीं तो उसमें मूल्य या महत्त्व नहीं आ सकता। असुर मामले को इस तरह नहीं देखते। वे बस अपनी बेटी/बहन को वापस चाहते हैं। इसलिए वे अमरावती का घिराव कर देते हैं और लगातार देवों से लड़ते हैं। यह स्वर्ग को एक अन्तहीन रण-भूमि में बदल देता है, जिसमें देव बराबर अपनी समृद्धि को थामे रहने की कोशिश करते रहते हैं। इस तरह, इन्द्र के पास समृद्धि है, पर शान्ति नहीं। यह स्वाभाविक रूप से असुरों को, जो इन्द्र के भारी असन्तोष और नापसन्दी का कारण हैं, खलनायक बना देता है।

हम इन्द्र और देवों को 'धन-उत्पादक' और 'मूल्य-सर्जक' कह सकते हैं, जो अक्सर आलोचना का शिकार रहते हैं, क्योंकि धन-सम्पत्ति को उत्पन्न करने वाली प्रक्रिया अनिवार्य रूप से हिंसक होती है : प्राकृतिक परिवेश और पर्यावरण नष्ट होता है और लोगों को काम करने के लिए मजबूर होना पड़ता है, ताकि उद्योग और बाज़ार फल-फूल सकें।

सम्पत्ति का उत्पादन आर्थिक आधार पर सामाजिक विभाजन भी पैदा करता

कृष्ण और सत्यभामा का लघु चित्र

है, क्योंकि जो लोग उद्योग और बाज़ार स्थापित करते हैं (देव?), वे महसूस करते हैं कि जो सम्पत्ति पैदा की गयी है, उसका सबसे बड़ा हिस्सा उनका होना चाहिए, उन लोगों से तो बहुत ज़्यादा होना चाहिए, जो उद्योगों और बाज़ारों में सचमुच काम करते हैं (असुर?) और अन्त में अपने को वंचित और अक्सर शोषित महसूस करते हैं।

देव ऐसे उत्तराधिकारी भी हो सकते हैं, जिन्होंने कुछ भी अर्जित नहीं किया है, बल्कि अपार सम्पत्ति का उपभोग करने का अधिकार महज इसलिए पाया है, क्योंकि वे किसी खास परिवार में पैदा हो गये थे। इन्द्र इस स्थिति के अन्याय को देखने में असमर्थ हैं, क्योंकि वे सुविधा में जन्मे हैं। वे असुरों के आक्रोश को देखने-समझने में असमर्थ हैं। दोनों एक-दूसरे को दैत्य ठहराते हैं, उनमें से कोई भी दूसरे को नहीं समझता।

देवों और असुरों के बीच का संघर्ष काफी हद तक पूँजीवादियों और समाजवादियों के बीच संघर्ष जैसा है। देवों के लिए लड़ाई सम्पत्ति पैदा करने वालों और उनके बीच है, जो सम्पत्ति पैदा नहीं करते। असुरों के लिए लड़ाई सम्पत्ति को चुराने वालों और उन लोगों के बीच है, जो सम्पत्ति नहीं चुराते। जो एक समूह के लिए 'सम्पत्ति का सृजन' है वह दूसरे समूह के लिए 'सम्पत्ति की चोरी' है। दोनों में से कोई भी सहमत नहीं हो पाता कि पैदा हुई सम्पत्ति का सबसे बड़ा हिस्सा किसे मिलना चाहिए। इसलिए हरेक यह ठाने हुए है कि दूसरा गलत है, जिसका नतीजा एक निर्मम और अन्तहीन 'औचित्यपूर्ण' युद्ध है।

श्री के रूप में लक्ष्मी बौद्ध और जैन पौराणिक कथाओं का अंग है। उसकी प्रतिमा और छवि बौद्ध स्तूपों पर पायी गयी है। उसकी उपासना जैन मन्दिरों में रक्षक देवी पद्मावती के रूप में भी होती है। उसे शुक्र यानी इन्द्र की पत्नी बताया गया है। इस भूमिका में उसे अक्सर शची कहा गया है। लेकिन जहाँ इन्द्र लक्ष्मी को अपनी बगल में पा कर खुश हैं, लक्ष्मी कभी इन्द्र के बगल में खुश नहीं जान पड़ती। वह हमेशा किसी और अधिक योग्य की तलाश में बेचैन लगती है।

बौद्ध स्तूप पर श्री

जैन ऋषियों से घिरी पद्मावती

लक्ष्मी कभी-कभी यक्षराज-कुबेर की बगल में बैठी दिखायी जाती है, जो अपनी सम्पत्ति को जमा करता रहता है। कुछ पाठों में कुबेर को इन्द्र का कोषपति बताया गया है, लेकिन दूसरे पाठ निधि को कुबेर की पत्नी बताते हैं, जो लक्ष्मी का एक और नाम है।

शची के बारे में अक्सर यह कहा गया है कि वह इन्द्र की तुलना में इन्द्र के सिंहासन के प्रति अधिक निष्ठा रखती है, क्योंकि इन्द्र की जगह किसी भी समय कोई अधिक योग्य बैठाया जा सकता है। यही वजह है कि इन्द्र इतना असुरक्षित अनुभव करते हैं और अपनी विशाल सम्पत्ति का उपभोग नहीं कर पाते। उनकी गद्दी हमेशा डाँवा-डोल रहती है और उस पर राजाओं, ऋषियों और असुरों की नज़र लगी रहती है। इसीलिए लक्ष्मी को चंचला या मनमौजी या बंगाल में लोक्खी-टेरा (ऐंची आँख वाली) भी कहा जाता है। कोई कभी पक्के तौर पर नहीं कह सकता कि समृद्धि की देवी किस पर कृपालु होगी। वह अचानक अकारण प्रकट हो सकती है और अचानक ही बिन बताये जा सकती है।

जब कोई ऋषि तपस्या करता है और तप अर्जित करता है, जो उसे सिद्धियाँ प्रदान करेगा और देवों को नियन्त्रित करने योग्य बनायेगा, तो इन्द्र घबराने लगते हैं। इसलिए वे ऋषियों की तपस्या भंग करने के लिए अप्सराओं को भेजते हैं। वे घोड़े चुरा लेते हैं और राजाओं के यज्ञों में विघ्न डालते हैं, जिससे वे उनकी शक्ति के लिए खतरा न बन जायें। और वे अपने पिता ब्रह्मा के पास उन असुरों को मारने के लिए मदद माँगने लगातार दौड़ते रहते हैं, जो उनके स्वर्ग को घेरे रहते हैं। वे जानते हैं कि वे राजा हैं तो लक्ष्मी के कारण और उनका राज्य स्वर्ग है तो लक्ष्मी के कारण। यह वर्णन उस असुरक्षा की झलक दिखाता है, जो सम्पत्ति और समृद्धि के साथ आती है। धनवान लोग कभी अपनी सम्पत्ति के बारे में सुरक्षित नहीं महसूस करते; उन्हें लगातार यह महसूस होता रहता है कि उनके चारों ओर जो लोग हैं वे उस सब को छीन या चुरा लेना चाहते हैं जो उनके पास है। यही मन:स्थिति वह रण-भूमि है, वह अनन्त संग्राम, जो इन्द्र के स्वर्ग को घेरे रहता है।

कथा है कि एक बार लक्ष्मी इन्द्र को छोड़ कर असुरराज-प्रह्लाद के पास चली गयी। ब्रह्मा ने इन्द्र को सलाह दी कि वे सेवक का भेष बना कर निष्ठा के साथ प्रह्लाद की सेवा करें और यह जानने की कोशिश करें कि लक्ष्मी ने उनकी जगह प्रह्लाद पर

रावण द्वारा सीता के अपहरण का पोस्टर

द्रौपदी को जुए में हारे जाने का पोस्टर

कृपा क्यों की। प्रह्लाद ने अन्त में अपना रहस्य बताया—'लक्ष्मी ऐसे कार्य करने वाले पुरुषों की ओर आकर्षित होती है, जो शक्ति और कौशल का प्रदर्शन करें। अगर तुम शक्ति और चतुराई से काम लोगे तो वह तुम्हारे पास आयेगी। अगर तुम ऐसा करने में विफल रहे तो वह तुम्हारे पास अधिक समय तक नहीं रहेगी।' आगे चल कर जब प्रह्लाद ने छद्म-वेशधारी इन्द्र को वर माँगने के लिए कहा तो इन्द्र ने बड़ी चतुराई से उस सारे पुण्य को माँग लिया, जिसे प्रह्लाद ने शक्ति और कौशल के बल पर अर्जित किया था। अपने वचन से बँधे प्रह्लाद ने अपना पुण्य इन्द्र को दे दिया। जैसे ही यह पुण्य प्रह्लाद से इन्द्र के पास गया, लक्ष्मी भी प्रह्लाद को छोड़ कर इन्द्र के पास चली गयी।

'रामायण' में राक्षसराज-रावण के पास शारीरिक शक्ति या बल है। उसके दस सिर और बीस भुजाएँ हैं। विशुद्ध दैहिक बल से वह अपने भाई कुबेर को वश में करके सोने की नगरी लंका से बाहर निकाल देता है और उस राज्य पर अधिकार कर लेता है। शुद्ध शारीरिक बल से वह राम की पत्नी सीता का अपहरण कर लेता है। इस तरह लक्ष्मी रावण के पास बल से आती है।

'महाभारत' में सबसे बड़ा कौरव दुर्योधन चतुर और छली है। वह अपने चचेरे भाइयों—पाण्डवों—को जीतने के लिए चालाकी करता है, जो उससे कहीं अधिक शक्तिशाली हैं और उसकी दृष्टि में हस्तिनापुर के सिंहासन के लिए उसके प्रतिद्वन्द्वी हैं जिस पर उसे विश्वास है, उसका जन्मसिद्ध अधिकार है। पहले दुर्योधन ने उन्हें लाख का एक महल भेंट में दिया, जिसमें उसने आग लगवा दी जब वे सो रहे थे। यह योजना विफल हो जाती है। आगे चल कर वह पाण्डवों को जुआ खेलने के लिए आमन्त्रित करता है और अपने मामा शकुनि की मदद से, जो पाँसों का दक्ष खिलाड़ी है, उन्हें हरा देता है। अपनी स्वतन्त्रता के बदले में पाण्डवों को तेरह वर्षों तक अपने राज्य पर अधिकार छोड़ देना पड़ता है। इस तरह लक्ष्मी कौरवों के पास छल से आती है।

लेकिन बल या छल से आयी लक्ष्मी कभी सदा के लिए नहीं रखी जा सकती। कोई भी अधिक बलशाली या छली हमेशा आता है और लक्ष्मी पर दावा ठोंक देता है। इस तरह रावण को अपना जोड़ राम में मिलता है, जो उसे युद्ध में हरा देते हैं। और दुर्योधन को अपना जवाब चतुर सारथी कृष्ण में मिलता है, जो

लक्ष्मी को श्री के रूप में दर्शाती जैन पाण्डुलिपि

पाण्डवों को चतुर कौरवों को हराने में मदद करते हैं। इन्द्र कभी लक्ष्मी को अपने पास बहुत देर तक नहीं रख पाते, क्योंकि हमेशा कोई–न–कोई चतुर या शक्तिशाली असुर चला आता है।

ब्राहमण ग्रन्थों द्वारा इंगित वेदों के आरम्भिक हिस्सों में हमें उस सम्पत्ति को प्राप्त करने और उसका उपभोग करने के बारे में मन्त्र और कर्म–काण्ड मिलते हैं, जो गायों, घोड़ों, अन्न, स्वर्ण और बच्चों के रूप में आती है। सम्पत्ति और समृद्धि को सुखदायिनी के रूप में देखा गया है। वेदों के उत्तरवर्ती भाग में जो आरण्यक और उपनिषदों द्वारा इंगित होता है, हम सम्पत्ति के साथ काफी बेचैनी पाते हैं। सम्पत्ति को इस रूप में देखा गया है कि वह काफी दुख भी अपने साथ लाती है : पड़ोसियों की ईर्ष्या, मित्रों से मन–मुटाव, परिवार के अन्दर क्लेश और कलह। सम्पत्ति की प्रकृति के बारे में वेदों के आरम्भिक और बाद के हिस्सों में विचार का यह जो परिवर्तन है, वह इस बात में प्रतिबिम्बित होता है कि इन्द्र की क्या स्थिति है। वेदों में इन्द्र महान योद्धा नायक हैं, लेकिन पुराणों में वे असुरक्षित और असहाय हैं, हरदम ब्रह्मा, विष्णु और शिव से सहायता माँगते हुए।

महज इसलिए सम्पत्ति को त्याग देना, क्योंकि उसका आगमन दुख का कारण है, कोई उत्तर नहीं है। तब फिर उत्तर क्या है ? यह प्रश्न हमें वेदान्त की ओर ले जाता है, जो मस्तिष्क और सम्पत्ति के बीच सम्बन्ध की छान–बीन करता है। वेदान्त का मतलब है वह दर्शन, जो वेदों को दुह कर निकाला गया है। वह आम आदमी को पुराणों की कथाओं के माध्यम से बताया गया।

पुराणों में हमें लक्ष्मी की बड़ी बहन ज्येष्ठा के बारे में पता चलता है, जिसे अलक्ष्मी के नाम से भी जाना जाता है और जो हमेशा उसके साथ रहती है। वह कलह की देवी है। यही कारण है कि लक्ष्मी की सम्पन्नता के साथ कभी सुख–शान्ति की संगत नहीं होती। घर में शान्ति के लिए शिव या विष्णु को खोज कर उनका आह्वान करना चाहिए। जब लक्ष्मी के साथ शिव या विष्णु रहते हैं, तब लक्ष्मी के साथ अलक्ष्मी नहीं आती और तब समृद्धि के साथ लड़ाई–झगड़े नहीं आते।

लक्ष्मी की बड़ी बहन ज्येष्ठा का प्रस्तर शिल्प

शिव तपस्वी हैं और उन्हें धन की परवाह नहीं होती। लेकिन पार्वती के साथ विवाह होने के बाद पार्वती उन्हें मजबूर करती हैं कि वे अपने गणों और भक्तों की ज़रूरतों का ध्यान रखें। वे शिव को इस बात का ध्यान दिलाती हैं कि उनके चारों ओर हर कोई उनकी तरह तपस्वी नहीं है; उनकी इच्छाएँ और आवश्यकताएँ हैं जिन्हें पूरा किया जाना है। उन्हें भोजन चाहिए। शिव अपनी सन्तान—कार्तिकेय और गणेश—के माध्यम से अपने गणों और भक्तों की इच्छाओं और आवश्यकताओं को पूरा कराते हैं। जहाँ बलशाली कार्तिकेय रक्षा प्रदान करते हैं, वहीं गणेश सम्पन्नता लाते हैं।

गणेश का रूप लक्ष्मी की याद कराता है। उनका सिर सफेद हाथी का है, जैसा उन हाथियों का, जो अपनी सूँडें उठा कर लक्ष्मी पर पानी की बौछार करते हैं। उनका स्थूल शरीर कुबेर की याद दिलाता है। वे किसानों के शत्रु, चूहे की सवारी करते हैं और उनके पेट के चारों ओर एक साँप लिपटा रहता है, जो पुनर्जन्म का प्रतीक है। चूहे और साँप जैसे स्वाभाविक शत्रु, दोनों गणेश के साथ हैं, यह वन के कलह को दूर रखने और शान्ति की संस्कृति का निर्माण करने की इच्छा का द्योतक है। मूर्तियों में लक्ष्मी अक्सर गणेश के साथ दिखती है, भले ही परम्परागत रूप से लक्ष्मी और गणेश अलग-अलग धार्मिक सम्प्रदायों—वैष्णव और शैव—से जुड़े हैं। मिल कर, लक्ष्मी और गणेश सम्पन्नता और समृद्धि लाते हैं।

जब रावण ने कुबेर को लंका से निष्कासित कर दिया तो कुबेर ने उत्तर में आ कर शिव के निवास, कैलाश पर्वत पर शरण ली। वहाँ कुबेर ने अलंका नामक नगरी बसायी, जो बाद में अलकापुरी कहलायी। वह लंका से भी अधिक समृद्ध थी। लेकिन कुबेर ने ध्यान दिया कि शिव को उनकी सम्पन्नता में कोई रुचि नहीं थी। कुबेर समझ न पाते कि तपस्वी शिव गणेश की भूख कैसे शान्त कर पाते होंगे, जो देखने से ही लगते थे कि अच्छा भोजन पसन्द करते होंगे। सो कुबेर ने गणेश को अपने घर 'इच्छानुसार भोजन करने' के लिए आमन्त्रित किया। गणेश ने आमन्त्रण स्वीकार कर लिया। लेकिन कुबेर को जल्दी ही आभास हो गया कि गणेश की भूख विकट थी : कुबेर जितना दे सकते थे, गणेश उससे अधिक खा सकते थे। देखते-ही-देखते गणेश ने कुबेर के घर का सारा भोजन खा लिया था। यही नहीं, कुबेर के धन के बदले में जितना भोजन आ सकता था, उसे भी वे चट कर गये। दरिद्र

लक्ष्मी के साथ गणेश का पोस्टर

बन जाने पर कुबेर ने गणेश से रुक जाने को कहा, लेकिन गणेश ने कुबेर को उनके आमन्त्रण की याद दिलायी कि उन्होंने गणेश को 'इच्छानुसार भोजन करने' के लिए आमन्त्रित किया था। कुबेर को आभास हो गया कि उनसे बहुत बड़ी भूल हुई थी, अन्त में, गणेश ने कहा ,'अब आप समझे कि मैं आप के साथ नहीं, बल्कि शिव के साथ क्यों रहता हूँ। आप मेरी भूख को शान्त करने की कोशिश करते हैं, लेकिन शिव मुझे अपनी भूख पर विजय प्राप्त करने में सहायता देते हैं। जितना अधिक भोजन आप परोसते हैं, उतनी ही अधिक मेरी भूख बढ़ती है; इस तरह मेरी भूख अतृप्त रहती है। इसका एकमात्र समाधान यही है कि अपनी भूख को जीता जाये, जिसके लिए मुझे शिव की ज़रूरत है।'

यह कथा आरम्भिक वेदों में प्राप्त होने वाले दर्शन से बहुत भिन्न दर्शन उजागर करती है। जीवन का उद्देश्य भूख को तृप्त करना नहीं, बल्कि उसे जीतना है। पशुओं को जितनी भूख होती है, उससे अधिक वे नहीं खाते, लेकिन मनुष्यों को और अधिक धन-सम्पत्ति की अन्तहीन लालसा होती है। यह लालसा तृप्त नहीं की जा सकती। इसलिए उसे भोजन से तृप्त करने का प्रयास करने की बजाय यह ज़्यादा ज़रूरी है कि भूख ही को नष्ट कर दिया जाये। इसका मतलब लक्ष्मी को ठुकराना नहीं है; इसका मतलब है—लक्ष्मी को परिप्रेक्ष्य में रखना।

असली ज़रूरत और इच्छा में बहुत अन्तर है। मनुष्य की कल्पना ज़रूरत और इच्छा के बीच की सीमा-रेखा को धुँधला बना देती है। यही वजह कि लक्ष्मी का आगमन हमेशा कलह की देवी 'अलक्ष्मी' के साथ होता है। अगर हम अपनी भूख को जीत सकें, लक्ष्मी के महत्त्व से इनकार किये बिना, तब हम दूसरों के साथ लक्ष्मी को बाँट सकते हैं। जब हम बाँटते हैं तो झगड़े कम होते हैं : लक्ष्मी अलक्ष्मी के बिना आती है। लक्ष्मी को बाँटने के योग्य होने के लिए हमें शिव और शक्ति को खोजने की ज़रूरत है।

इन्द्र इतना अधिक लक्ष्मी पर, या कहा जाये अपनी पत्नी शची पर, केन्द्रित हैं कि वे अलक्ष्मी के प्रति उदासीन हैं। वे अपने को अपने आस-पास के लोगों की ईर्ष्या

कुबेर और निधि के साथ लक्ष्मी का पोस्टर

और क्रोध से बचाने के लिए कोई कदम नहीं उठाते। स्वाभाविक रूप से भाग्य और सुख अल्पजीवी होते हैं। अन्ततः, अनिवार्य रूप से, जब वे मदिरा और स्त्रियों और अन्य व्यसनों में डूबे होते हैं, उनके शत्रु स्वर्ग का घिराव कर देते हैं और युद्ध घोषित कर देते हैं।

एक दिन जब इन्द्र लक्ष्मी का अनादर करते हैं तो वह रूठ कर स्वर्ग छोड़ कर चली जाती है : मदमत्त हो कर इन्द्र कमल के फूलों की एक माला जो उन्हें उपहार में दी गयी थी, धरती पर फेंक देते हैं और उसे हाथियों द्वारा कुचले जाने के लिए छोड़ देते हैं। समृद्धि और सम्पन्नता को दिखायी गयी यह अवज्ञा लक्ष्मी को अच्छी नहीं लगती, इसलिए वह दूध के एक सागर में विलीन हो जाती है।

लक्ष्मी के लुप्त हो जाने के बाद संसार उदास और अन्धकारपूर्ण हो जाता है और इन्द्र का स्वर्ग अपना ऐश्वर्य खो बैठता है। कामधेनु दूध देना बन्द कर देती है, कल्पतरु-वृक्ष पर फल नहीं आते, चिन्तामणि अपनी प्रभा खो बैठती है और अक्षय-पात्र रिक्त हो जाता है। लक्ष्मी को स्वर्ग में वापस लाने का एकमात्र उपाय क्षीर सागर का मन्थन है। इसलिए इन्द्र अपने पिता ब्रह्मा के पास सहायता के लिए जाते हैं। ब्रह्मा उन्हें विष्णु के पास भेजते हैं।

विष्णु इन्द्र को सलाह देते हैं कि वे पहले असुरों से मैत्री करें, क्योंकि सागर मन्थन के लिए दूसरे पक्ष की आवश्यकता है। वे फिर पर्वतों के राजा, मेरु की मथानी बनाते हैं और नागराज वासुकि को रस्सी। कूर्मराज अकुपार, जो विष्णु का ही एक रूप है, आधार का काम देता है। इसके बाद मन्थन शुरू होता है—देव वासुकि को पूँछ की तरफ से पकड़ते हैं और असुर सिर की ओर से। जब देव खींचते हैं तब असुर ढील छोड़ते हैं और जब असुर खींचते हैं तब देव ढील छोड़ते हैं।

मन्थन युगों-युगों तक चलता रहता है। और अन्ततः सागर के जल से स्वर्ग की सभी निधियों के साथ लक्ष्मी प्रकट होती है। उसके साथ समृद्धि के प्रतीक आते हैं—कल्पतरु, कामधेनु, चिन्तामणि और अक्षय-पात्र। लक्ष्मी के साथ ही शक्ति के प्रतीक भी आते हैं—ऐरावत हाथी, उच्चैश्रवा घोड़ा, दोनों दूध की तरह सफेद। उसके साथ अत्यन्त सुन्दर अप्सरा रम्भा भी है, सभी तरह के सुख देने में प्रवीण और सोम भी, जो पुरुषों में सबसे सुन्दर और काम्य है।

लक्ष्मी अपने साथ अमरतादायक रस—अमृत—का घट भी लाती है। इसकी

क्षीर–सागर के मन्थन का चित्र मैसूर शैली

चाह सबको है, लेकिन विष्णु असुरों को छल कर यह सुनिश्चित करते हैं कि अमृत देवों को ही पीने के लिए मिले। इसके बाद अमरता प्राप्त करके देव गण, लक्ष्मी और उस सब को ले कर, जो समृद्धिकारक है, ऊपर स्वर्ग में चले जाते हैं।

लेकिन एक अन्तर है। लक्ष्मी अब विष्णु के पास जाने का निर्णय करती है। वह उनकी ओर आकर्षित है। यह महत्त्वपूर्ण है : यह विष्णु को इन्द्र से ऊँचे धरातल पर स्थापित कर देता है। इन्द्र ने भले ही असुरों को परास्त कर दिया हो, लेकिन यह विजय विष्णु के कारण ही सम्भव हुई। और भले ही विष्णु ने विजय दिलायी, वे अमृत पर दावा नहीं करते, जिसकी कामना सभी कर रहे हैं।

हो सकता है कि वे समान लगते हों पर इन्द्र और विष्णु में भारी अन्तर है। यह अन्तर रूपाकार में नहीं, बल्कि विचार के स्तर पर है। इन्द्र का नाम इन्द्रियों को इंगित करता है। इन्द्र मन का प्रतीक है, जो आनन्द में रस लेता है, धन-सम्पत्ति का संग्रह करता है और लगातार दूसरों से भय और अनिष्ट की आशंका से ग्रस्त रहता है। इन्द्र केवल अपनी ज़रूरतों और इच्छाओं को पूरा करना चाहते हैं। विष्णु दूसरों की ज़रूरतों और इच्छाओं का ध्यान रखते हैं।

शिव की तरह विष्णु संसार के ऊपर उठ जाना चाहते हैं; उसे जीतना चाहते हैं; पर उनका ढंग दूसरा है। जहाँ शिव अपनी भूख पर विजय पाने के लिए समाज से पीछे हट जाते हैं, विष्णु अपनी भूख को जीतने के लिए समाज में लिप्त होते हैं। वे मनुष्यों की सहायता करते हैं कि वे अपने धर्म को खोज सकें।

धर्म का अर्थ है सम्भावना। हर प्राणी को वह करना पड़ता है, जो उससे अपेक्षित है, जिसके वह योग्य है, सक्षम है। आग का धर्म है जलना, पानी का धर्म है बहना, पेड़ों का धर्म है बढ़ना और फल देना और पशुओं का धर्म है आहार और संगियों की ओर दौड़ना और अपना आखेट करने वालों से दूर भागना। लेकिन मनुष्य की सम्भावना क्या है ? क्या इन्द्र की तरह अपनी भूख को तृप्त करने के लिए सम्पत्ति को बनाने/जमा करने/बाँटने में यह सम्भावना निहित है, या शिव की तरह भूख को जीतने में ? मनुष्यों के सामने यह स्पष्ट नहीं है कि वे कौन-सा रास्ता अपनायें। इसीलिए हमें विष्णु की ज़रूरत पड़ती है।

विष्णु इन्द्र जैसे ब्रह्मा के पुत्रों की कमियों को उन सम्भावनाओं से सन्तुलित करते हैं, जो शिव प्रस्तुत करते हैं। वे जानते हैं कि मनुष्यों में अपनी भूख को तृप्त

विष्णु को वरती लक्ष्मी का पोस्टर

मामल्लपुरम (तमिलनाडु) में लक्ष्मी-वराह का प्रस्तर शिल्प

करने के साथ-साथ दूसरों की भूख को भी सन्तुष्ट करने की क्षमता है। उनमें अपनी भूख को जीतने और दूसरों को उनकी भूख को जीतने में मदद देने की भी क्षमता है। विष्णु लोगों को उनकी इस क्षमता—दूसरों की मदद करके अपनी मदद करने—के प्रति जागरूक करने का प्रयास करते हैं। और वह यह काम सबसे सीधे ढंग से करते हैं।

ऊपरी तौर पर ऐसा लगता है कि विष्णु असुरों की तुलना में देवों का पक्ष लेते हैं। लेकिन निकट से देखने पर पता चलता है कि यह इतना सहज-सरल नहीं है। वह देवों को अमरता प्रदान कर रहे हैं। फिर इन्द्र के अन्दर क्यों लक्ष्मी की लालसा है? क्या इन्द्र को अब प्रसन्न नहीं होना चाहिए कि अब उन्हें मृत्यु का कोई डर नहीं है और इसलिए उन्हें लक्ष्मी की भी कोई वास्तविक आवश्यकता नहीं है? क्या इन्द्र को सन्तुष्ट नहीं होना चाहिए? लेकिन वह नहीं होते : लक्ष्मी की तृष्णा बनी रहती है।

विडम्बना यह है कि असुरों से छीनी गयी लक्ष्मी देवों को ठुकरा कर विष्णु के पीछे-पीछे चल देती है। विष्णु के पास जो है, वह किसी और के पास नहीं है।

हाँ, विष्णु सबसे बलशाली हैं। जब हिरण्याक्ष पृथ्वी को समुद्र के अन्दर खींच ले जाता है, तब विष्णु वराह का रूप धर कर जल के अन्दर प्रवेश करते हैं, हिरण्याक्ष को अपने शक्तिशाली दाँतों से चींथ कर मार देते हैं और पृथ्वी देवी को अपनी थूथन पर उठा कर समुद्र के बाहर ले आते हैं।

हाँ, विष्णु अति चतुरों से भी अधिक चतुर सिद्ध होते हैं। जब हिरण्यकशिपु एक वर प्राप्त करने में सफल हो जाता है कि उसे न रात में मारा जा सकेगा, न दिन में; न घर के अन्दर, न घर के बाहर; न धरती पर, न आकाश में; न शस्त्र से, न अस्त्र से; न मनुष्य द्वारा, न पशु द्वारा, तब विष्णु नरसिंह (न मनुष्य, न पशु) का रूप धर कर उसे गोधूलि वेला (न दिन, न रात) में दहलीज पर (न घर के अन्दर, न बाहर) अपनी गोद (न धरती पर, न आकाश) में रख कर, अपने नखों (न शस्त्र, न अस्त्र) से मार देते हैं।

लेकिन शिव की तरह विष्णु जानते हैं कि भोजन भूख को तृप्त नहीं करता। वह सिर्फ भूख बढ़ा देता है। मनुष्यों की भूख और इच्छाएँ कभी सन्तुष्ट नहीं की जा सकतीं। वह इसका पता वामन की कथा में देते हैं। जब बलि संसार की

लक्ष्मी–नरसिंह का पोस्टर

समस्याओं को दान के माध्यम से हल करने की कोशिश करता है, तब विष्णु बौने का रूप धर कर तीन पग भूमि की माँग करते हैं और आश्वासन पाने पर भीमकाय रूप धर कर दो पगों में पूरी पृथ्वी नाप लेते हैं और तीसरे पग में बलि को धरती के अन्दर धकेल देते हैं। विष्णु दर्शाते हैं कि संसार अनन्त है, लेकिन मानवीय संसाधन सीमित हैं। हम मानवीय समस्याओं का समाधान वस्तुओं से नहीं कर सकते। हमें विचारों पर ध्यान देने की ज़रूरत है। जब मनुष्य अपने मस्तिष्क को विस्तृत करते हैं, सिर्फ तभी वे अपने भयों को पहचान सकते हैं और अपने चारों ओर के लोगों के भयों के प्रति सहानुभूतिपूर्ण रवैया रख सकते हैं। ऐसा करना ही मानवीय धर्म है।

वस्तुओं की जगह विचारों पर यह बल ही है, जो विष्णु को लक्ष्मी के लिए आकर्षक बनाता है। जब वे वराह का रूप धरते हैं तो वह उनकी शक्ति के पीछे के विचार की सराहना करती हुई, उनके बगल में बैठती है। जब वे नरसिंह का रूप धरते हैं तब वह उनकी चतुराई के पीछे के विचार को सराहती हुई, उनकी बगल में बैठती है। जब वे हयग्रीव बन कर ऋषियों को धर्म-ग्रन्थों के रहस्य बताते हैं, तब वह उनकी बगल में बैठती है। और इस रहस्य का कोई सम्बन्ध पदार्थ से नहीं है, बल्कि मानव मस्तिष्क से है। जहाँ पश्चिमी दर्शन केवल विज्ञान और समाज पर बल देता है, भारतीय दर्शन मनोविज्ञान पर अधिक बल देता है। मनुष्य के मस्तिष्क में सभी मानवीय समस्याओं का और सभी मानवीय समाधानों का बीज है।

लक्ष्मी के दो रूप हैं—भू-देवी और श्री-देवी। भू-देवी पृथ्वी-देवी है और भोजन जैसी ठोस, मूर्त सम्पत्ति को साकार रूप देती है। श्री-देवी अमूर्त सम्पत्ति या शोभा से जुड़ी हुई है। कहा जा सकता है कि भू-देवी प्राकृतिक सम्पत्ति है और श्री-देवी सांस्कृतिक सम्पत्ति है। दक्षिण भारतीय मन्दिरों में लक्ष्मी के ये दोनों रूप विष्णु की प्रतिमा के साथ देखे जाते हैं।

पुराणों में भू-देवी को अक्सर गाय के रूप में कल्पित किया गया है। कथा

गाय रूपी पृथ्वी का पीछा करते पृथु का लघु चित्र

है कि वेन नामक एक राजा ने पृथ्वी को इतना लूटा कि ऋषियों को हस्तक्षेप करके इस लालची राजा का वध करना पड़ा। उन्होंने उसके शव को मथा और उसके नवनीत से एक नया राजा बनाया—पृथु। पृथु विष्णु का ही एक स्वरूप था। उसने पाया कि पृथ्वी गाय का रूप धर कर भाग खड़ी हुई थी, इसलिए वह अपना धनुष-बाण ले कर उसके पीछे-पीछे दौड़ा और उसने उस पर तीर चलाने की धमकी दी अगर उसने रुक कर पृथु की प्रजा को यह अवसर नहीं दिया कि वह उसे दुह सके। 'अगर तुम मुझे मारोगे तो संसार का अस्तित्व समाप्त हो जायेगा,' वह चिल्लायी। 'लेकिन अगर तुम्हें दुहा नहीं जायेगा तो संसार जीवित नहीं बचेगा,' पृथु ने तर्क दिया। सो, अन्त में यह आश्वासन पा कर कि पृथु उसकी रक्षा करेगा और किसी को उसे लूटने नहीं देगा, भू-देवी ने पृथु की सतर्क दृष्टि के नीचे सभी जीवों को अपना दूध दुहने दिया।

पृथु के रूप में विष्णु ने घोषित किया कि धरती के राजा भू-देवी के रक्षक होंगे और अगर वह दुखी होगी तो वे अर्थात विष्णु धरती पर अवतरित होंगे। वे गो-माता (गाय रूपी पृथ्वी) के गो-पाल बन जाते हैं।

'भागवत पुराण' में भू-देवी रोती हुई विष्णु के पास आती है और उन लालची राजाओं के बोझ की शिकायत करती है, जिसे उसको वहन करना पड़ता है और विनती करती है कि उसके बोझ को दूर किया जाये। और तब विष्णु परशुराम, राम और कृष्ण के रूप में संसार के सभी लालची राजाओं को मारने के लिए अवतरित होते हैं। इस तरह विष्णु के अवतार लक्ष्मी की सुरक्षा के लिए हैं। वह विष्णु की रक्षा में है।

अपने मर्त्य अवतारों—परशुराम, राम और कृष्ण—की कथाओं में विष्णु कभी लक्ष्मी के स्वामित्व की घोषणा नहीं करते, वहाँ भी जहाँ वे उसके 'अधिकारी' हैं।

जब कार्तवीर्यार्जुन बलपूर्वक गो-माता को अपने अधीन करने का प्रयास करता है, तो परशुराम उसके चंगुलों से अपनी गो-माता को वापस लाने के लिए निर्मम युद्ध करते हैं। वे अपनी माता के सतीत्व को लागू करने के लिए उसका सिर भी अपने पिता के आदेश पर काट देते हैं, जब उसके मन में पर-पुरुष की कामना जागती है। परशुराम के दोनों कार्य अपने पिता के आदेशों पर किये गये हैं, अपने निजी लाभ के लिए नहीं।

अगले अवतार में पिता की आज्ञापालन के 'नियम' पर प्रश्न उठता है, क्योंकि

लक्ष्मी-हयग्रीव का आधुनिक चित्र

वह राज्य को एक अच्छे राजा से वंचित करते हुए, संस्कृति में एक संकट पैदा कर देते हैं। राम के रूप में विष्णु शान्त रहते हैं, जब उनके पिता उनसे अयोध्या पर अपना अधिकार छोड़ने के लिए कहते हैं। जब राज्य उन्हें वापस दे दिया जाता है और वह राजा बन जाते हैं, तब भी वह उतने ही शान्त रहते हैं। सीता के साथ राम का सम्बन्ध एक ऐसे संसार में देवी के साथ ईश्वर के सम्बन्ध की जटिलता को उद्घाटित करता है जो 'कर्तव्यों' और 'अधिकारों' की चर्चा करता है। जब सीता के पिता उसका हाथ विवाह में राम को देते हैं तो वह उसे कर्तव्यपरायणता से स्वीकार कर लेते हैं; वह अपने निष्कासन के दौरान सीता को वन में अपना अनुसरण करने की अनुमति देते हैं, हालाँकि अगर वह पीछे राजप्रासाद में रही होती तो वह अधिक प्रसन्न होते; वह उसे रावण के यहाँ से छुड़ा लाते हैं, पर उस पर दावा नहीं करते, उसे अवसर देते हैं कि वह उन्हें स्वतन्त्र हो कर चुने; और जब प्रजा सीता की निष्ठा पर अपवाद खड़ा करती है, तो वह उसे वन में त्याग देते हैं।

एक धरातल पर सीता के साथ राम का व्यवहार उद्विग्न करता है, क्योंकि वह लगभग उसकी ज़रूरतों के प्रति उदासीन लगते हैं। दूसरे धरातल पर वह उस पर किसी 'अधिकार' का दावा नहीं करते। और जब 'कर्तव्यों' की बात आती है, तब वह पति के रूप में अपने कर्तव्य के ऊपर राजा के रूप में अपने कर्तव्य को चुनते हैं—राजसी आचरण संहिता को बिना प्रश्न किये मानते हुए। यह भारी त्याग की माँग करता है। लेकिन जब उन्हें पुनर्विवाह करने के लिए कहा जाता है, तो वह अकेले रहने का निर्णय करते हैं—'पुनर्विवाह के अपने अधिकार' और 'राजा के रूप में अपने कर्तव्य' को ठुकराते हुए, और इस तरह देवी के प्रति अपने स्नेह को और उसके प्रति अपनी समझ को व्यक्त करते हुए : संस्कृति को उसकी ज़रूरत है, पर उसे संस्कृति की ज़रूरत नहीं है।

कृष्ण कथा में देवी अनेक रूप धरती है। कृष्ण के विवाह से पहले वह राधा है; वह उनसे प्रेम करती है, भले ही वह दूसरे से विवाहित है; इस तरह वह सभी सांस्कृतिक नियमों को तोड़ती है। वह रुक्मिणी है, जो अपने पिता की अवज्ञा करके कृष्ण के साथ भाग जाती है। वह सत्यभामा है, जो अपने पिता की आज्ञा मान कर कृष्ण के साथ विवाह कर लेती है, लेकिन लगातार उन्हें याद दिलाती रहती है कि यह केवल उनकी बुद्धि ही नहीं, बल्कि उसकी सम्पत्ति है, जो कृष्ण को यादव कुल

विष्णु के पास सहायता के लिए आयी पृथ्वी-गाय का लघु चित्र

का प्रभावशाली सदस्य बनाये हुए है। कृष्ण निर्धन रुक्मिणी और धनी सत्यभामा के प्रति स्नेह का व्यवहार करते हैं, क्योंकि उन्हें सांसारिकता का बोध है और वह दोनों को महत्त्व देते हैं : रुक्मिणी के प्रेम को और सत्यभामा की सम्पत्ति को। जब कृष्ण सुदामा से मिलते हैं तो वह अपनी सारी सम्पन्नता अपने दरिद्र मित्र को देना चाहते हैं। तब सत्यभामा उन्हें अति उदारता बरतने से रोक देती है और उन्हें याद दिलाती है कि और भी बहुत-से लोग हैं, जिन्हें दान-दक्षिणा की ज़रूरत है। अन्ततः देवी द्रौपदी का रूप लेती है, जो अपनी रक्षा के लिए पाँच पतियों के होते हुए भी असहाय है और अपमान सहती है। उसके पति पाण्डव फिर से जन्मे इन्द्र बताये जाते हैं। उसे मदद के लिए विष्णु की ज़रूरत पड़ती है और वह कृष्ण के रूप में उसकी सहायता करते हैं, हालाँकि किसी भी सामाजिक नियम या प्रथा के चलते उन के लिए ऐसा करना अनिवार्य नहीं। वह ऐसा प्रेम के कारण करते हैं।

इन्द्र के विपरीत जो लक्ष्मी को केवल आनन्द की दृष्टि से देखते हैं, विष्णु लक्ष्मी को अपने उत्तरदायित्व के रूप में देखते हैं। विष्णु ऐसा पर्यावरण-तन्त्र निर्मित करने का प्रयास करते हैं, जहाँ लक्ष्मी बन्दी बना कर न रखी जाय; इसकी बजाय वह सब में बाँटी जाये और सभी उसका उपभोग करें।

कथा है कि मनुष्य ऋणी हैं, क्योंकि वे पृथ्वी को दुहते हैं। यह ऋण रक्त से चुकाया जाता है, जब परशुराम कार्तवीर्यार्जुन का वध करते हैं, राम रावण का और कृष्ण कंस और जरासन्ध का वध करते हैं और कौरवों के विनाश का प्रबन्ध करते हैं। काली मनुष्यों द्वारा अपने संसाधनों को अत्यधिक दुहने के परिणामस्वरूप उपजी अपनी प्यास मिटाने के लिए अपनी जीभ फैलाती है।

जैसे-जैसे हिन्दुत्व ने वैदिक कर्मकाण्डों से पौराणिक भक्ति की ओर अपना रास्ता तय किया, वह उत्तरोत्तर आश्रमवादी होता गया। इसका मतलब था कि योगी को, जो सम्पत्ति की परवाह नहीं करता, भोगी की तुलना में अधिक महत्त्व दिया जाने लगा। ऐसे समाज में लक्ष्मी को सारी समस्याओं की जड़ माना जाने लगा। अपनी कमज़ोरियों के लिए उत्तरदायित्व स्वीकार करने की बजाय मानव समाज ने सामाजिक

लक्ष्मी जैसी कि पुरी (उड़ीसा) में वह पूजी जाती है

संघर्षों के लिए लक्ष्मी को दोष देना शुरू कर दिया।

योगी और भोगी के बीच यह तनाव पुराणों की अनवरत विषय-वस्तु है। योगी शिव जब पार्वती से ब्याह करते हैं, तब वह भोगी शंकर में बदल जाते हैं। भोगी इन्द्र योगी विष्णु से सीखते हैं कि रण-भूमि को कैसे रंग-भूमि में बदल दिया जाये। ऐसे ही तनाव मन्दिरों की गाथाओं में भी लक्षित किये जा सकते हैं, जहाँ भाषा क्षेत्रीय है और कथानक अधिक व्यावहारिक हैं।

एक उड़िया कथा है जो पुरी के जगन्नाथ मन्दिर की गाथा का हिस्सा है, जहाँ कृष्ण जगन्नाथ को अपने भाई बलभद्र और बहन सुभद्रा के साथ पूजा जाता है।

एक दिन बलभद्र ने लक्ष्मी को एक जमादारिन के घर में जाते देखा। उन्होंने घोषित किया कि वह दूषित हो गयी है और उन्होंने अपने छोटे भाई को कहा कि वह लक्ष्मी को घर में न आने दे। कृष्ण ने उनकी आज्ञा का पालन करते हुए मन्दिर के दरवाज़े बन्द कर लिये। आने वाले दिनों में दोनों दैवी भाइयों को बहुत धक्का लगा, जब उन्हें कुछ भी भोजन भेंट में नहीं मिला। पता करने पर उन्हें मालूम हुआ कि रसोई-घर में कुछ भी नहीं पक रहा है, क्योंकि भोजन की सारी सामग्री—जैसे दाल, चावल, साग, फल और मसाले, आदि—भण्डार से और बाज़ार से लुप्त हो गयी हैं। पीने के लिए एक बूँद पानी भी नहीं है। दोनों भाइयों को यह भी पता चला कि यह विपदा इसलिए आयी है, क्योंकि उन्होंने लक्ष्मी को ठुकरा दिया था। आखिरकार, कृष्ण अपनी पत्नी से क्षमा माँग कर उसे मन्दिर में लौटा लाते हैं।

इस कथा में कृष्ण के तपस्वी भाई, योगी बलभद्र को यह सीख मिलती है कि समृद्धि की देवी के लिए दूषित होने की धारणाएँ कोई अर्थ नहीं रखतीं। ये बनावटी सांस्कृतिक मान-दण्ड हैं, जो मनुष्यों ने अपनी ऊँच-नीच की लालसा के कारण बना लिये हैं। भोजन तो सब की भूख समान रूप से तृप्त करेगा, चाहे वह जमादार हो या राजा या देवता। दूसरे शब्दों में, भोजन सत्य है, मनुष्यों की धारणाओं से स्वतन्त्र। दूषित होने-न-होने की धारणाएँ, जो वर्ण और जाति-व्यवस्था की निशानी हैं, मिथ्या हैं, मनुष्यों की सोच पर निर्भर हैं। जब हमें पता चलता है कि लक्ष्मी सन्त और चोर में अन्तर नहीं करती, कि सारी श्रेणियाँ मनुष्यों ने बनायी हैं, तब लक्ष्मी मुक्ति का एक साधन बन जाती है।

भोगी के रूप में विष्णु की छवि

इसी तरह हमें तेलुगू में एक कथा भारत के सबसे समृद्ध मन्दिरों में से एक—तिरुपति के बालाजी मन्दिर—से मिलती है जहाँ विष्णु की प्रतिमा उपासना के लिए प्रतिष्ठित है।

भृगु ऋषि ने ब्रह्मा, शिव और विष्णु से मिलने के लिए उनके यहाँ जाने का फैसला किया। उन्होंने पाया कि ब्रह्मा सरस्वती के साथ यज्ञ करने में इतने लीन थे कि उन पर ध्यान ही नहीं दे पाये, इसलिए उन्होंने ब्रह्मा को शाप दिया कि उनकी उपासना नहीं होगी। फिर उन्होंने शिव को शक्ति के साथ इतनी अन्तरंग अवस्था में पाया कि वह भृगु का सत्कार नहीं कर सके। इस बार भृगु का क्रोध कुछ कम था, इसलिए उन्होंने कहा कि शिव की पूजा तो होगी, लेकिन वैसे नहीं, जैसे वह दिखते हैं, बल्कि एक अमूर्त प्रतीक—लिंग—के रूप में। फिर भृगु ऋषि यह सोच कर क्षीर-सागर पर वैकुण्ठ पहुँचे कि विष्णु अवश्य उनका उचित स्वागत-सत्कार करेंगे। लेकिन वहाँ उन्होंने पाया कि विष्णु सो रहे थे और लक्ष्मी उनके पैर दबा रही थी। इस बात पर कुपित हो कर, कि इन त्रिदेवों के यहाँ उनका कोई महत्त्व नहीं है, भृगु ने विष्णु के वक्ष पर लात मारी, जहाँ लक्ष्मी का चिह्न श्री-वत्स स्थित है। विष्णु उद्विग्न नहीं हुए; वह भृगु ऋषि के क्रोध का कारण समझ गये और उन्होंने ऋषि से क्षमा माँगते हुए उनके पैर पकड़ कर पूछा कि कहीं उनके वक्ष को लात मारने में भृगु के पैरों को चोट तो नहीं लगी। विष्णु को अपने पैर छूते देख कर भृगु ऋषि का क्रोध शान्त हो गया। फिर उन्हें ज्ञान हुआ कि वह कैसी मूर्खता कर रहे थे : वह तो योगी और तपस्वी थे, लेकिन उनके व्यवहार ने तो यह सिद्ध किया कि वह भोगी थे, स्वागत-सत्कार के भूखे थे।

लक्ष्मी को भृगु ऋषि के सामने विष्णु का यह सेवकों जैसा व्यवहार पसन्द नहीं आया, चाहे जो भी उनका कारण रहा हो। वह नाराज़ हो गयी कि विष्णु ने भृगु द्वारा श्री-वत्स का अपमान करने पर उन्हें दण्ड नहीं दिया। वह रूठ कर वैकुण्ठ से निकली और पृथ्वी पर जा बसी। विष्णु उसे वापस लाने की उत्कट इच्छा से उसके पीछे-पीछे गये, क्योंकि लक्ष्मी के बिना वैकुण्ठ वैकुण्ठ नहीं रहता। विष्णु ने तय किया कि वह तब तक पृथ्वी पर रहेंगे, जब तक लक्ष्मी वैकुण्ठ में वापस आने को तैयार नहीं होती। लेकिन पृथ्वी पर विष्णु को कोई घर नहीं मिला; भक्त उन्हें तभी तक आसरा देते जब तक कोई और अधिक धनी या शक्तिशाली न आ जाता, अन्ततः

लक्ष्मी के रूठने और मनाये जाने की लोकप्रिय छवि

विष्णु ने सात पहाड़ियाँ देखीं, जिन्होंने उन्हें शेषनाग के सात फनों की याद करा दी, जिसकी कुण्डलियों पर वे क्षीरसागर में सोया करते थे। यह पवित्र पहाड़ी थी— तिरुमला। घर की याद करते हुए, विष्णु ने वहीं बसने का फैसला किया। पर इसके लिए उनका कमल के पुष्प से जन्मी स्थानीय राजकुमारी पद्मावती से विवाह करना आवश्यक था। पद्मावती के पिता ने, जो वहाँ के राजा थे, वधू के बदले भारी धन की माँग की। लक्ष्मी के बिना विष्णु दरिद्र-नारायण थे और उनके पास और कोई रास्ता नहीं था कि कुबेर से भारी ऋण लें। यह कथा समाज में धन और सम्पन्नता के महत्त्व को दर्शाती है; विष्णु को भी पृथ्वी पर पत्नी और घर के लिए धन चाहिए होता है। जो लक्ष्मी को ठुकराता है, वह घर और पत्नी की उम्मीद नहीं कर सकता।

पद्मावती से विष्णु के विवाह ने लक्ष्मी को उद्विग्न कर दिया। वह विवाह पर आयी और उसने विष्णु के वक्ष में अपने स्थान की माँग की। तब विष्णु ने अपने वक्ष को इतना फैला दिया कि उसमें उनकी दोनों पत्नियों के लिए स्थान बन जाये। उन्होंने दिव्य लक्ष्मी (श्री-देवी) को अपने वक्ष की बायीं तरफ हृदय के पास जगह दी और पद्मावती (भू-देवी) को दायीं तरफ।

तिरुमला के विष्णु ऋण में फँसे हुए हैं और उन्हें अपने भक्तों की सहायता की आवश्यकता है जिससे वह कुबेर से लिये गये ऋण को चुका सकें और वैकुण्ठ लौट सकें। उन्हें वेंकट कहा जाता है जो 'वेन' (बन्धन) को 'काट' सकते हैं, क्योंकि भक्त से पाये गये धन के बदले में वह अपने भक्तों को योग का ज्ञान देते हैं, जो बताता है कि सुखी होने के लिए धन-सम्पत्ति से भक्त का कैसा सम्बन्ध होना चाहिए। इसे आगे भी उस कर्म-काण्ड में समझाया गया है, जिसमें दरिद्र-नारायण को लक्ष्मी-नारायण में बदलने के लिए धन दिया गया : जब लक्ष्मी का उपयोग दूसरों को अपना ऋण चुकाने के लिए किया जाता है तो वैकुण्ठ स्थापित होता है और लक्ष्मी मुक्ति का साधन बन जाती है।

6. सरस्वती का रहस्य

कल्पना से मस्तिष्क विस्तृत या संकुचित हो सकता है

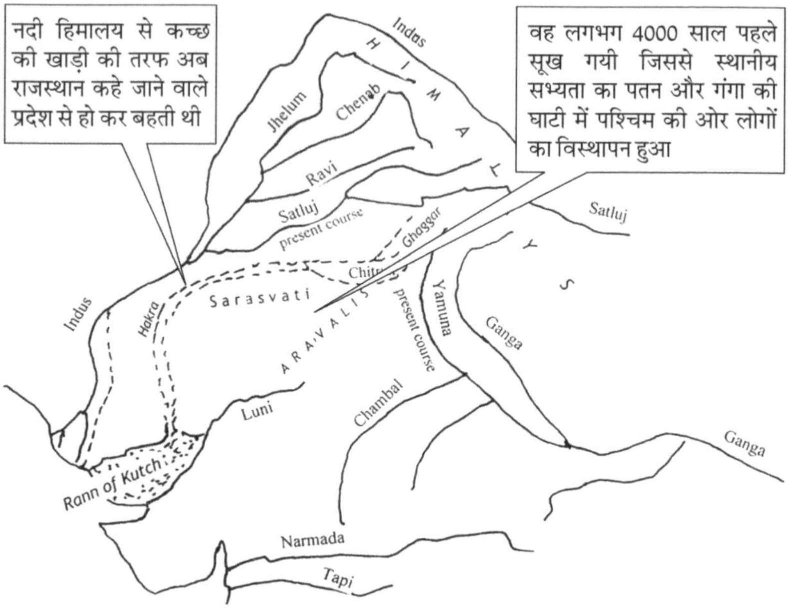

ऋगवेद में वर्णित सरस्वती जो अब सूख गयी है

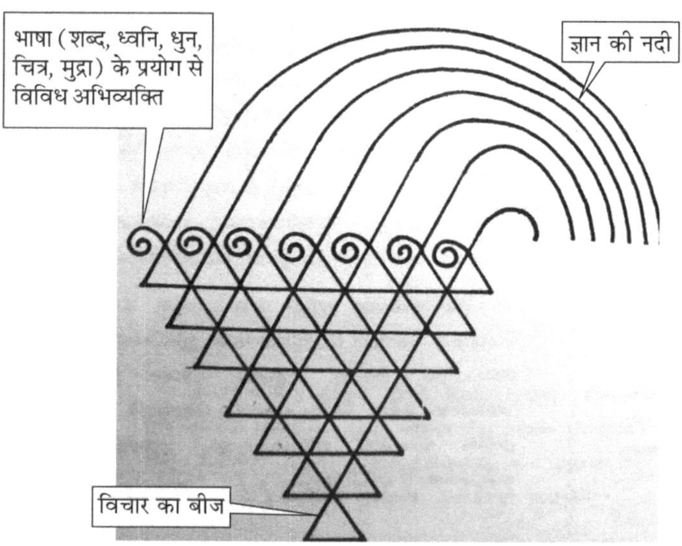

स्कूलों में प्रयुक्त सरस्वती के प्रतीक

वेदों के विशेषज्ञ अक्सर कहते हैं कि कैसे सरस्वती सूख गयी है। किसी को पक्का पता नहीं कि इसका सही-सही क्या मतलब है। क्या यह उस नदी के सन्दर्भ में कहा जा रहा है, जो चार हज़ार साल पहले पंजाब, सिन्ध और राजस्थान से हो कर बहती थी और जिसके तटों पर 'ऋग्वेद' की बहुत-सी ऋचाएँ और मन्त्र रचे गये? या यह नदी के रूपक में भाषा और कल्पना के सन्दर्भ में कहा गया है, जो भय से मुक्त होने से अधिक, संसार को नियन्त्रित करने के लिए प्रयोग में लायी जाती हैं? कोई निश्चित रूप से नहीं कह सकता। अलग-अलग विद्वान वेदों की ऋचाओं और मन्त्रों की व्याख्या विभिन्न प्रकार से करते हैं—शब्दशः या फिर प्रतीकात्मक रूप में।

पुराणों में सरस्वती एक सुपरिभाषित देवी है। उसकी कथाएँ दुर्लभ और विरल हैं, हालाँकि हमेशा भाषा से सम्बन्धित होती हैं। देव ठीक उस समय उसका आह्वान करते हैं, जब राक्षस कुम्भकर्ण ब्रह्मा से वर माँगने जा रहा होता है और सरस्वती से अनुरोध करते हैं कि वह राक्षस की जीभ मरोड़ दे जिससे होता यह है कि वह इन्द्रासन की जगह निद्रासन माँग बैठता है।

इन पुराणों में सरस्वती ब्रह्मा की पहली सृष्टि, यहाँ तक कि ब्रह्मा द्वारा रची गयी पहली स्त्री बतायी गयी है। ब्रह्मा उस पर मोहित हो जाते हैं। ऐसे 'सगोत्रीय व्यभिचार' पर भृकुटियाँ तन जाती हैं और रुद्र-शिव, जो त्याग-तपस्या को साकार करते हैं या तो ब्रह्मा का सिर काट देते हैं या बस उन्हें आकाश में जड़ देते हैं ताकि ब्रह्मा सरस्वती का पीछा न कर सकें। वैदिक ऋचाओं की तरह यह पौराणिक कथा भी शाब्दिक अर्थों में देखी जा सकती है या प्रतीकात्मक अर्थों में। प्रतीकात्मक रूप से यह अपनी सृष्टि पर अधिकार जमाने वाले स्रष्टा और इस सम्बन्ध को भंग करके त्याग की वकालत करने वाले त्यागी के बीच तनाव के सन्दर्भ में देखी जा सकती है। पुत्री को कभी-कभी शतरूपा कहा गया है, यानी अनेक रूपों वाली। जब ब्रह्मा पीछे हट कर अपनी सृष्टि को देखते हैं—उसे नियन्त्रित करने के उद्देश्य से नहीं, बल्कि उसे समझने की दृष्टि से—तो उन्हें आभास होता है कि वह उनके मस्तिष्क का प्रतिबिम्ब है। उनकी सृष्टि एक दर्पण है, जो उनके अपने व्यक्तित्व की परछाईं है। तब शतरूपा उनकी शिक्षिका सरस्वती बन जाती है—वह जो मस्तिष्क में प्रवाहित है।

ब्रह्मा और सरस्वती का पोस्टर

कुछ समाजशास्त्रियों का मत है कि बाद के हिन्दू धर्म में ब्रह्मा के मन्दिरों की अनुपस्थिति अत्यन्त भौतिकतावादी वैदिक प्रणाली का प्रतीकात्मक अस्वीकार था। विष्णु और शिव के मन्दिरों का प्रसार हिन्दू धर्म में एक वैचारिक परिवर्तन का चिह्न द्योतित करता है। पुराणों में सरस्वती, जो दुष्ट ब्रह्मा को ठुकरा देती है, वह वैष्णवों के अनुसार विष्णु की संगिनी बन जाती है, शैवों के अनुसार गणेश की संगिनी और शाक्तों के अनुसार शक्ति की बेटी। हिन्दू धर्म के नये रूप में, जहाँ उत्तर हमेशा मन्दिरों में खोजे जाते थे, भौतिकतावाद से परे, लेकिन हमेशा भौतिकतावाद के माध्यम से, ब्रह्मा, विष्णु और शिव की केवल पुरुषों वाली त्रयी की जगह देवी, विष्णु और शिव की त्रयी आ गयी।

जहाँ शिव की जोड़ी आम तौर पर शक्ति से बनायी जाती है जो दुर्गा / काली / गौरी है और विष्णु की जोड़ी लक्ष्मी है, यह स्पष्ट नहीं है कि सरस्वती की जोड़ी किसके साथ बनेगी। पुरुष-त्रयी (ब्रह्मा, विष्णु, शिव) और स्त्रियों की त्रयी (दुर्गा, लक्ष्मी, सरस्वती) के बीच सामंजस्य स्थापित करने के लिए ब्रह्मा को सरस्वती से सम्बद्ध करना आम है। इसके लिए सफाई यह दी जाती है कि स्रष्टा को ज्ञान चाहिए, पालक को धन-सम्पदा और संहारक को शक्ति। यह सही व्याख्या की जगह एक सुविधाजनक व्याख्या अधिक लगती है, क्योंकि सभी जानते हैं कि तीनों कामों के लिए तीनों संसाधनों की आवश्यकता पड़ती है। यह मान लेना कि धन-सम्पदा और शक्ति के बिना केवल ज्ञान के बल पर सृजन किया जा सकता है या बिना ज्ञान और शक्ति के, सिर्फ धन के बल पर पालन-पोषण किया जा सकता है, कपोल-कल्पना ही कही जा सकती है।

मध्यकालीन युगों में लक्ष्मी और सरस्वती को विष्णु की दो संगिनियों और शक्ति को उनकी बहन के रूप में दर्शाना आम था। शिव-पूजकों के प्रतिद्वन्द्वी सम्प्रदाय ने भी लक्ष्मी और सरस्वती को हस्तगत करके, उन्हें शिव के अधिक सांसारिक पुत्र गणेश के अगल-बगल रख दिया। गणेश की संगिनियों के रूप में वे ऋद्धि (भौतिक सम्पदा की देवी) और सिद्धि (मानसिक शक्तियों की देवी) के

सरस्वती के साथ गणेश—पहाड़ी शैली का लघु चित्र

रूप में लोकप्रिय हैं। बंगाल में लक्ष्मी भोजन-प्रिय गणेश से सम्बद्ध है, जो विद्वान ब्राह्मणों से सम्बन्धित है; और सरस्वती कला-प्रेमी कार्तिकेय से जोड़ी जाती है, जो समृद्ध भू-स्वामियों या ज़मींदारों से सम्बद्ध है।

ब्रह्मा, विष्णु, गणेश और कार्तिकेय से जोड़ी जाने के बावजूद, किसी पुरुष संगी के साथ सरस्वती की छवियाँ दुर्लभ हैं। वह अलग-थलग और परे, हमेशा अकेली, अपनी संगत में सन्तुष्ट दिखती है—जो सच्ची बुद्धि और ज्ञान का सूचक है। अन्य देवियों के विपरीत जो विवाह और मातृत्व से दूर रखे जाने पर 'गर्म' और उग्र और खतरनाक हो उठती हैं, सरस्वती अलग-थलग रहने के बावजूद शान्त और सौम्य बनी रहती है। कोई अनास्थावादी स्त्रियों के अकेलेपन को विशेष रूप से उजागर करते हुए, सरस्वती की सफेद साड़ी को तपस्या से न जोड़ कर, वैधव्य से जोड़ सकता है। यह अकेलापन पुरुषों का भी हो सकता है, जो अत्यन्त बुद्धिमान या मेधावी या चतुर हों।

लक्ष्मी की तरह सरस्वती भी मूल रूप से एक आत्म-निर्भर, स्वाधीन देवी है। उसके स्रोत चार हज़ार साल पुरानी ऋक् संहिता में खोजे जा सकते हैं। वहाँ वह अपना नाम सरस्वती नदी के साथ और अपने गुण वाक् (वाणी, भाषा और अर्थ) की देवी से साझा करती है। उसे कभी-कभी वैदिक ऋचाओं और मन्त्रों की देवी गायत्री से भी जोड़ा जाता है।

वेद भाषा पर बहुत ध्यान देते थे। एक समय था, जब भाषा को 'ब्रह्मन' कहा जाता था जिसका व्युत्पत्तिगत अर्थ था—वह जो मस्तिष्क (मानस) को विस्तृत (संस्कृत में ब्रह) करता है। आगे चल कर 'ब्रह्मन' शब्द का अर्थ दिव्य या दैवी हो गया। भाषा ऐसी चीज़ है, जो मनुष्यों को पशुओं से अलग करती है। पशु एक-दूसरे से बातचीत करते हैं, लेकिन वे केवल संकेत होते हैं; मनुष्यों की भाषा अधिक जटिल होती है और लोगों को 'अतीत', 'वर्तमान', 'परे', 'प्रेम' और 'मित्रता' जैसी अमूर्त अवधारणाओं और सूक्ष्म विचारों को खोजने और अभिव्यक्त करने की सुविधा देती है।

शंकराचार्य की आराध्य देवी शारदा का पोस्टर

भाषा मुद्राओं (हाव-भाव), वाणी (वाक) और निश्चय ही लिपि के प्रयोग से व्यक्त की जा सकती है। अक्षर या मात्राएँ मातृका देवियों से सम्बद्ध थीं। और आरम्भिक भारतीय लिपियाँ—ब्राह्मी और शारदा—दोनों स्त्रियों और देवियों के रूप में साकार की गयी थीं। ब्राह्मी जैन तीर्थंकर ऋषभ की बेटी थी, जिसे उन्होंने पहली लिपि सौंपी थी। शारदा, जिसकी आराधना आठवीं सदी के महान वेदान्ताचार्य आदि शंकर करते थे, सरस्वती और वाक का एक और रूप बन गयी; सम्भव है, शंकराचार्य ने पहले के दर्शनशास्त्रियों का कृतित्व शारदा लिपि में पढ़ा हो।

भाषा कल्पना से उपजती है और वह कल्पना को विस्तार भी देती है। कल्पना एक और चीज़ है जो पशुओं के पास नहीं होती, कम-से-कम मनुष्यों के पैमाने पर नहीं। कल्पना तरल (सरस) है और या तो ताल (सरोवर) में सँजोयी जा सकती है या नदी (सरिता) की तरह प्रवाहित की जा सकती है। सरस्वती का उद्भव सरस से है।

कल्पना मनुष्यों को बिना हिले स्थान में यात्रा करने और क्षण भर में समय को लाँघने की सुविधा प्रदान करती है। कल्पना के बल पर मनुष्य ऐसे संसारों को रच सकते हैं, जिनका अस्तित्व नहीं होता। मनुष्य इन विचारों को भाषा के माध्यम से प्रसारित करते हैं। सरस्वती प्रवाहमान विचारों और शब्दों की देवी है, विशुद्ध रूप से एक मानवीय देवी, जो मनुष्यों को मानवीयता प्रदान करती है। शायद यही वजह है कि हिन्दू अपने माथे पर तिलक लगाते हैं, क्योंकि सिर में मस्तिष्क होता है—सरस्वती का घर। माथे के बीचों-बीच एक बिन्दु मानवीय सम्भावना का—संसार का अर्थ निकालने और उसकी किसी समस्या का समाधान करने की हमारी योग्यता का—सूचक है।

चूँकि सरस्वती हमें प्रकृति को समझने और सराहने के योग्य बनाती है, वह साहित्य और संगीत से सम्बद्ध हो कर, अपने हाथों में पुस्तक और वीणा लिये, अन्ततः कलाओं की देवी बन गयी। उसे वेद-माता भी कहा जाता है। वह स्वरों और रागों की भी माता है।

सरस्वती के विभिन्न लक्षण

अपनी छवियों में सरस्वती अक्सर हंस पर आसीन दिखायी जाती है, क्योंकि किंवदन्ती है कि हंस दूध और पानी के मिश्रण से दूध को अलग कर सकता है। दूसरे शब्दों में वह दूध (सत्य) को पानी (झूठ) से अलग कर सकता है, जिससे वह विश्लेषण का प्रतीक बन जाता है। सरस्वती को बगुले से भी जोड़ा जाता है, जो एकाग्रता का प्रतीक है। आधुनिक कैलेण्डर कला में सरस्वती को मोर पर भी आसीन दिखाया जाता है, जो अपने पंख सरस्वती की उपस्थिति में नहीं फैलाता, क्योंकि वह जानता है कि विनम्रता ही सच्चे ज्ञान की पहचान है।

सरस्वती श्वेत और पारदर्शी चीज़ों से सम्बद्ध है, जो उसकी पवित्रता द्योतित करता है। वह चम्पा के सफेद फूलों और शारदीय चन्द्रमा और श्वेत पारदर्शी स्फटिक मनकों की माला से भी जुड़ी रहती है।

अक्सर वसन्त में उसका आह्वान किया जाता है, क्योंकि वसन्त ऋतु कवियों को गीत रचने के लिए प्रेरित करती है। इस महीने में सरस्वती सरसों के फूलों जैसे खिलते हुए पीले वस्त्रों को धारण किये दिखायी देती है।

बहुत-से विद्वान सरस्वती को बौद्ध देवी तारा से भी जोड़ कर देखते हैं, जिसने बौद्ध धर्म के रूपान्तरण में एक प्रमुख भूमिका निभायी थी। आरम्भ में गौतम बुद्ध स्त्री आकार और स्त्रियों से सामान्य रूप में असुविधा महसूस करते थे। स्त्रियों को कामना के दैत्य—मार—की बेटियों के रूप में देखा जाता था। धीरे-धीरे बुद्ध का रवैया नरम पड़ा, खास तौर पर जब उन्होंने अपने पिता की मृत्यु के बाद अपनी सौतेली माता के दुख को देखा; तब उन्होंने स्त्रियों को संघ में शामिल होने की अनुमति दे दी। तिस पर भी स्त्रियों की भूमिका गौण थी। आगे चल कर बौद्ध धर्म के महायान नामक सम्प्रदाय के उदय के बाद मानवता से सहानुभूति और सम्वेदना रखने वाली और अपने रवैये में अपेक्षाकृत कम बौद्धिक स्त्री-शक्ति का विचार विकसित हुआ। यह तारा थी। पार्वती की तरह तारा उदासीन भिक्षु को सांसारिकता में लिप्त उद्धारक में बदलने की अपनी क्षमता के लिए जानी जाती है। लक्ष्मी की तरह तारा के हाथ में कमल का फूल होता है, पर वह सरस्वती की तरह प्रज्ञा के साकार रूप में विख्यात है।

बौद्ध तारा का तिब्बती चित्र

कलाओं और रंगमंच की जननी के रूप में देखे जाने के कारण नर्तकों, संगीतकारों और गणिकाओं से सरस्वती का निकट का सम्बन्ध था। गीतों, नाटकों और साहित्य के माध्यम से वह दर्शकों में विविध प्रकार की कलात्मक अनुभूतियाँ—रस—जागृत कर सकती थी, जो एक ही समय में मनोरंजन करने के साथ-साथ ज्ञानवर्द्धन भी कर सकते थे, यह भी एक कारण है कि वह बंगाल में कार्तिकेय से सम्बद्ध की गयी, जिसकी कल्पना एक समृद्ध रसिक के रूप में हुई, जो प्रतिभाशाली गायिकाओं और नर्तकियों के यहाँ जाता था।

लेकिन जैसे-जैसे भारत में आश्रम और मठ-व्यवस्था विकसित हुई, ज्ञान को विभाजित कर दिया गया। एक ओर आध्यात्मिक आनन्द देने वाला शुद्ध ज्ञान (योग) था और दूसरी ओर अशुद्ध ज्ञान (भोग) था, जो इन्द्रियों और भावनाओं को जागृत करता और सम्पत्ति उत्पन्न करता है। पहली तरह का ज्ञान पुरोहितों-पुजारियों, दर्शनशास्त्रियों, तपस्वियों और भक्ति-मार्गी सन्त-कवियों से जुड़ा था, जबकि दूसरी तरह का ज्ञान मनोरंजन करने वालों, नर्तकों, गायकों, संगीतकारों और नटों से। ज्ञान का पहला प्रकार सरस्वती से अधिक सम्बद्ध होता गया, जबकि दूसरा प्रकार विद्या-लक्ष्मी से जो व्यावसायिक और जीविका सम्बन्धी ज्ञान से जुड़ी थी। यह एक कारण है कि 'व्यावसायिक' कलाकार ऐतिहासिक रूप से हेय समझे जाते हैं। कला का उद्देश्य उनके लिए मस्तिष्क को विकसित और विस्तृत करना नहीं, धन कमाना होता है।

व्यावसायिक कलाकार के लिए यह उपेक्षा-भाव ही वह कारण है कि 'नट' (मनोरंजनकर्ता) और 'गणिका' (तवायफ) को हमेशा सन्देह से देखा जाता था। यह सन्देह अंग्रेज़ी राज के समय में विक्टोरियाई युग की शुद्धतावादी प्रकृति के साथ मिल कर देवदासी प्रथा पर प्रतिबन्ध लगाने और नटों तथा अन्य मनोरंजन करने वालों की जातियों को 'आपराधिक जातियों' की कोटि में रखने की ओर ले गया।

वैष्णव साहित्य में लक्ष्मी भोग-पत्नी बन जाती है, जो आनन्द से फँसाती है और सरस्वती मोक्ष-पत्नी बन जाती है, जो ज्ञान द्वारा मुक्त करती है। भागवत परम्परा में कथाएँ उभर कर आयीं कि कृष्ण को कैसे अपनी सम्पन्न पत्नी सत्यभामा और अपनी करुणामयी, बुद्धिमान पत्नी रुक्मिणी की माँगों के बीच सन्तुलन बनाये रखना पड़ता है। देखने वालों के लिए सम्पन्न सत्यभामा, जो अधिकार जमाती और अपनी

उड़ीसा की पट्ट शैली में महा-विद्या बगलामुखी का चित्र

सम्पन्नता का प्रदर्शन करती है, लक्ष्मी है, जबकि निर्धन रुक्मिणी, जिसके पास भक्ति और ज्ञान के सिवा और कुछ नहीं है, सरस्वती है।

सरस्वती के साथ जुड़ा एक विश्वास लगभग हर हिन्दू घर में आम है—वह कभी लक्ष्मी के साथ उसी घर में नहीं रहती, क्योंकि वे हरदम लड़ती रहती हैं।

दोनों देवियों के बीच स्पष्ट और भारी अन्तर है। लक्ष्मी का परिधान वधुओं जैसा है, लाल और आभूषणों से अलंकृत; सरस्वती विधवाओं जैसे वस्त्र पहने रहती है, श्वेत और अलंकरण की ओर कोई ध्यान नहीं देती, हालाँकि कलाकार उसे स्फटिक के मनकों और सफेद फूलों से सजा देते हैं। लक्ष्मी आकर्षक है, जबकि सरस्वती अलग-थलग बनी रहती है। लक्ष्मी मन-मर्जी से आती-जाती है, मगर उसे शक्ति और छल से बाँधा जा सकता है। सरस्वती भारी प्रयास करने के बाद ही आती है, मगर एक बार आने पर वह जाती नहीं।

एक लोक कथा में अपनी दोनों पत्नियों की कलह से तंग आ कर विष्णु उन्हें अलग-अलग कर देते हैं—सरस्वती को अपनी जीभ पर रख कर, वे लक्ष्मी को अपने हृदय में (कुछ लोगों के अनुसार, पैरों में) रख लेते हैं। इस तरह वे दोनों का सर्वोत्तम प्राप्त करते हैं—अदृश्य सरस्वती और गोचर लक्ष्मी।

झगड़ा इस एक केन्द्रीय विचार के इर्द-गिर्द होता है कि सांसारिक जीवन में किसका अधिक महत्त्व है—सम्पन्नता का या ज्ञान का? इस विवाद की जड़ को तीन प्रमुख वैदिक समुदायों में खोजा जा सकता है—वैदिक ज्ञान के संग्रहकर्ता और संवाहक ब्राह्मण; युद्ध करने वाले और धनुष लिये रथ पर सवारी करने वाले क्षत्रिय; और, व्यापार करने वाले वैश्य या वणिक, जो स्वाभाविक रूप से सम्पन्न थे। दूसरे शब्दों में यह झगड़ा सिर्फ ब्राह्मणों की सरस्वती और वैश्यों की लक्ष्मी के बीच ही नहीं था, बल्कि क्षत्रियों की दुर्गा भी इस झगड़े में शामिल थी। यह एक और भी गहरे दार्शनिक प्रश्न को ध्वनित करता है : समाज में असली महत्त्व किसका है? ज्ञान, धन या शक्ति का?

इसके मूल में अधिकार जमाने की मानवीय इच्छा है। मनुष्य क्यों अधिकार

बंगाल का पाल मूर्ति-शिल्प : लक्ष्मी और सरस्वती के साथ विष्णु

जमाना चाहते हैं? पशु अधिकार जमाते हैं, ताकि उन्हें अधिक भोजन और संगी मिल सकें। वे अपने को रोक नहीं सकते; यह जीवित बचे रहने की प्राकृतिक रणनीति है। मनुष्यों के पास अधिकार जमाने या न जमाने का विकल्प होता है। और यह विकल्प कल्पना से, सरस्वती से, आता है।

कल्पना के बल पर मनुष्य ऐसे विचारों और आविष्कारों की उद्भावना करते हैं, जो उन्हें अतिरिक्त भोजन पैदा करने के योग्य बनाते हैं, इसलिए दरअसल किसी सामाजिक श्रेणी की कोई ज़रूरत नहीं है—सब के लिए काफी है। और फिर भी मनुष्य अधिकार जमाना चाहते हैं। यह एक और भी गहरी चिन्ता और उद्विग्नता से उपजता है—अस्मिता की खोज से। इस सवाल से कि मैं कौन हूँ? यह खोज भी सरस्वती की देन है।

पशुओं के अन्दर कोई सन्देह नहीं होता कि प्रकृति की भोजन-शृंखला और सामाजिक श्रेणी में उनका स्थान कहाँ है। लेकिन मनुष्यों की कल्पना सन्देह पैदा करती है। हर मनुष्य अपनी कल्पना एक खास तरीके से कर सकता है। लेकिन इर्द-गिर्द के लोग उसे ठीक वैसे ही कल्पित नहीं कर सकते। यह संघर्ष को जन्म देता है। हम अपने बारे में की गयी कल्पना को दूसरों पर लादना और इसे उनसे मनवाना चाहते हैं। हम चाहते हैं कि दूसरे हमें वैसे देखें जैसे हम अपने को देखते हैं।

आरम्भिक समाज में अधिकार जमाने के लिए बल और छल का प्रयोग होता था। लेकिन आगे चल कर अतिरिक्त समृद्धि के साथ सम्पत्ति का विचार विकसित हुआ। जिसके पास अधिक सम्पत्ति थी, वह शक्तिशाली और चतुर लोगों पर भी अधिकार जमा सकता था, शासन कर सकता था। सम्पत्ति उत्तराधिकार में प्राप्त की जा सकती थी और इसलिए उसे प्राप्त करने के लिए शक्ति, कौशल, यहाँ तक कि चतुराई की भी वास्तव में कोई ज़रूरत नहीं थी। सामाजिक कानून और नैतिकता और आचरण के सिद्धान्त यह सुनिश्चित करते थे कि कोई दूसरे की सम्पत्ति को हड़प नहीं सकता था। इसने समृद्ध लोगों की सम्पत्ति सुरक्षित कर दी। सो, स्वाभाविक रूप से जो सम्पत्ति को उत्तराधिकार में प्राप्त करते थे, वे ज्ञान की कुछ ज़्यादा परवाह नहीं करते थे। उन्हें शक्ति, कौशल और सामाजिक हैसियत की भी ज़्यादा परवाह नहीं रहती थी। धन के साथ सब कुछ खरीदा जा सकता था—शक्तिशाली, कुशल, प्रतिभाशाली, यहाँ तक कि सुन्दर लोग भी।

एक वैदिक ऋचा के साकार रूप गायत्री का पोस्टर

सम्पत्ति के महत्त्व के बढ़ने के साथ लोगों के एक समूह को भारी कठिनाई होने लगी। ये थे वैदिक ऋचाओं और ज्ञान के संरक्षक। वैदिक ऋचाओं और मन्त्रों को मौखिक रूप से आगे प्रसारित करना होता था; वे लिखे नहीं जा सकते थे, क्योंकि लिपियाँ वैदिक ऋचाओं और मन्त्रों के स्वरों को पूरी तरह पकड़ नहीं सकती थीं। इसका मतलब था कि पूरा-पूरा दिन अलग-अलग विधियों और तकनीकों से, जिन्हें पद-पाठ कहते थे, ऋचाओं और मन्त्रों के जाप और पाठ में लगता था। जाप और पाठ पर इतना बल दिया जाता था कि उन ऋचाओं और मन्त्रों को समझना भी उपेक्षित रह जाता था। वैदिक ऋचाओं और मन्त्रों के संरक्षण में जुटे ऐसे समुदाय के पास अपने लिए सम्पत्ति पैदा करने के लिए कोई समय नहीं था। सम्पत्ति सिर्फ दान और उपहारों के रूप में आती थी। इस तरह यह विचार उपजा कि जहाँ लक्ष्मी है, वहाँ सरस्वती नहीं है और जहाँ सरस्वती है, वहाँ लक्ष्मी नहीं है।

समय के साथ, वैदिक ब्राह्मणों ने अपने लिए व्यवसाय बना लिये। वे ज्योतिषी, वैयाकरण, मन्दिरों के पुजारी, पुरोहित, लिपिक और राज-कर्मचारी बन गये, ताकि अपनी घर-गृहस्थी के लिए लक्ष्मी की व्यवस्था कर सकें, लेकिन सम्पत्ति के साथ सम्बन्ध पेचीदा बना रहा। माना गया कि सम्पत्ति भ्रष्ट करती और भटकाती है। विचित्र बात थी कि किसी ने इस पर ध्यान नहीं दिया कि ज्ञान भी भ्रष्ट करने और भटकाने वाला हो सकता है। कारण यह कि जो लोग वैदिक ऋचाओं और मन्त्रों को रटने और याद करने और आगे प्रसारित करने में जुटे हुए थे, उन्हें उन ऋचाओं और मन्त्रों के अर्थ और महत्त्व का कुछ अता-पता न होता।

वैदिक ज्ञान का सारा सम्बन्ध आत्म-बोध की खोज में मस्तिष्क को विकसित करने और भय को जीतने से है। जब तक मस्तिष्क संकुचित रहता है, भय भी बना रहता है और इसीलिए अधिकार जमाने की इच्छा उपजती है। क्षत्रिय जहाँ समाज पर ताकत (दुर्गा) के बल पर अधिकार जमाते थे और वैश्य अपनी सम्पत्ति (लक्ष्मी) के बल पर, ब्राह्मण यह दावा करके समाज पर अधिकार जमाते थे कि वे औरों से अधिक 'शुद्ध' और 'पवित्र' हैं, क्योंकि वे गुप्त रहस्यमय ज्ञान (सरस्वती) के रखवाले हैं। शुद्धता और पवित्रता की यह श्रेणीबद्धता भारतीय समाज की अनोखी विशेषता है और इसने भारतीय समाज में तबाही मचायी है।

हर वह वस्तु, जिसका उपभोग ब्राह्मण वैदिक ऋचाओं और मन्त्रों के रखवाले

मैसूर शैली में कलाओं की देवी सरस्वती का एक चित्र

की हैसियत से नहीं कर सकता था, अशुद्ध घोषित कर दी गयी—मांस, मदिरा, यौन आनन्द, धन, सम्पत्ति, व्यापार, यहाँ तक कि वे व्यवसाय भी, जिनमें शारीरिक श्रम और प्रकृति से सम्पर्क की ज़रूरत पड़ती थी। इस तरह सबसे शुद्ध व्यक्ति वह था, जो हर सांसारिक और भौतिक वस्तु को ठुकराता था। अपवित्रता छुआ-छूत पर आधारित और संक्रामक हो गयी, इसलिए शुद्ध और पवित्र बने रहने के लिए ब्राह्मण सभी 'अपवित्र' चीज़ों के सम्पर्क से बचता था। उसने ऊँचे होने की भावना से अपने को दूसरे समुदायों से अलग-थलग कर लिया, यहाँ तक कि जिन दिनों पत्नी रजस्वला होती, उन दिनों अपनी पत्नी से भी। धीरे-धीरे, इस विचार ने जड़ पकड़ ली और सभी समुदायों में फैल गया।

हर कोई, जो सामाजिक सीढ़ी चढ़ना चाहता, यह समझ गया कि ऐसा करना धन-सम्पदा और शक्ति या ज्ञान के भी बिना सम्भव था; इसके लिए महज 'शुद्धता' की अवधारणा को अपनाने की ज़रूरत थी। शुद्ध लोग अशुद्ध लोगों को नीची नज़र से देख सकते थे। अन्ततः समुदाय या जातियाँ अपनी जगह शुद्धता की श्रेणियों में तय करने लगीं। सबसे ऊपर ब्राह्मण थे। सबसे नीचे चमार, मोची, मेहतर, भंगी, कसाई जैसे मेहनत करने वालों के ढेर सारे व्यवसाय थे, जिनमें लगे लोग इतने अपवित्र समझे जाते थे कि उन्हें गाँव के कुएँ से पानी लेने भी नहीं दिया जाता था।

इस तरह सरस्वती जो मनुष्य के मस्तिष्क को विकसित-विस्तृत करने और मनुष्यों को आत्म-ज्ञान का बोध कराने वाली मानी गयी थी, अन्त में मनुष्य के मन-मस्तिष्क को संकुचित करने और अहं को बढ़ाने का कारण बन गयी। आत्म-ज्ञान पर आत्म-वंचना हावी हो गयी। क्रूर और अमानवीय वर्ण-व्यवस्था और जातिवाद हिन्दुत्व की निशानी बन गया। आज भी जैसे-जैसे लोग 'और भी पवित्र' बनने के प्रयासों में जुटे रहते हैं, जातिवाद हिन्दुत्व को अपनी प्रेत-सरीखी छाया से ग्रस्त किये रखता है।

पवित्र बनने का मतलब यह मानना है कि संसार में गन्दगी है। गन्दगी प्राकृतिक नहीं, एक सांस्कृतिक अवधारणा है। तन्त्र में, जहाँ देवी केन्द्रीय स्थान ग्रहण करती है, उस सब को भारी महत्त्व दिया जाता है, जिसे समाज की शुद्धतावादी मुख्यधारा द्वारा ठुकराया जाता है। और इस तरह देवी को मांस, मदिरा और रक्त भेंट किया जाता है। यहाँ तक कि माहवारी के रक्त को भी, जिसे अधिकांश समुदाय गन्दा

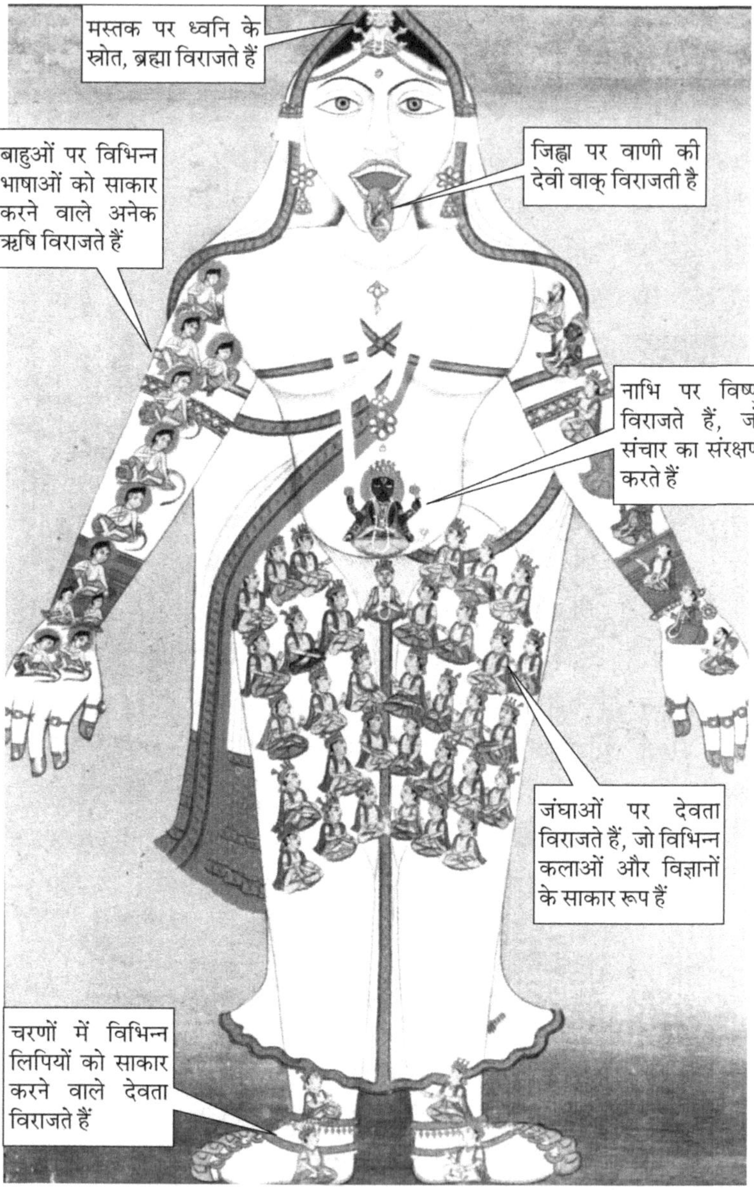

सरस्वती का ब्रह्माण्डीय स्वरूप

और अपवित्र करने वाला मानते हैं, पवित्र और शुभ माना जाता है। उसे भी प्रकृति की दूसरी सभी वस्तुओं और पदार्थों की तरह सत्य, शिव और सुन्दर कह कर बताया जाता है।

धन-सम्पत्ति, प्रतिष्ठा, ज्ञान, सौन्दर्य, सफलता और पवित्रता की धारणा का प्रयोग करते हुए अधिकार जमाने और हावी होने की मानवीय आवश्यकता पर विजय पाना ही वास्तव में सरस्वती को अपने मन-मस्तिष्क में प्रवाहित होने देना है।

7. विट्ठई का रहस्य

स्नेह सीमाएँ मिटाता है

महाराष्ट्र में पूजे जाने वाले कृष्ण के एक रूप विट्ठल का फोटो

तेरहवीं सदी में महाराष्ट्र के ज्ञानेश्वर नामक एक युवा सन्त ने उस ज़माने के हिसाब से एक क्रान्तिकारी काम किया—उसने उस इलाके की स्थानीय भाषा—महाराष्ट्री प्राकृत यानी पुरानी मराठी भाषा—में संस्कृत की 'भगवद्गीता' का अनुवाद कर दिया; लेकिन एक अन्तर के साथ : जहाँ संस्कृत की 'भगवद्गीता' में कृष्ण वीर, पौरुष-सम्पन्न योद्धा-सारथी हैं, ज्ञानेश्वर की ज्ञानेश्वरी में कृष्ण विट्ठई या 'माता विट्ठल' हैं।

विट्ठल, जिनका मन्दिर पण्ढरपुर में है, महाराष्ट्र में कृष्ण का लोकप्रिय नाम है। ज्ञानेश्वर ने उन्हें स्त्री-रूप में देखा। उनके लिए कृष्ण वह स्नेहशील गाय थे, जो खोये हुए और डरे अर्जुन को अपने ज्ञान के दूध से सान्त्वना देते हैं। ज्ञानेश्वर ने कृष्ण के लिए दूसरे रूपक इस्तेमाल किये, सभी स्त्रियोचित, जैसे मादा कछुआ, जो प्यार-भरी कनखियों से अपने शिशु कछुओं की निगरानी करती है। 'माता कृष्ण' का यह विचार जनाबाई और तुकाराम जैसे महाराष्ट्र के अन्य सन्त-कवियों द्वारा आगे बढ़ाया गया। इन कवियों के लिए लिंग तो बस एक सुविधाजनक युक्ति या साधन था जिससे काम ले कर वे एक खास भावना को लोगों तक पहुँचा सकते थे। कृष्ण के स्त्री या पुरुष होने की बजाय प्रेम और ज्ञान का महत्त्व ज़्यादा था और किसी को बुरा नहीं लगा।

पुरुष का यह स्त्रीकरण हिन्दू पुराकथाओं में काफी आम है। ग्राम-देवता के अति-पौरुषपूर्ण चिह्न, जैसे मूँछें, प्रतिष्ठा के बढ़ने के साथ-साथ लुप्त हो जाते हैं। नख-शिख कोमल और नरम हो जाते हैं। मांस-पेशियाँ गायब हो जाती हैं।

यह प्रवृत्ति आधुनिक समाज में स्त्रैण को भी पुरुष-सरीखा बनाने के चलन के विपरीत है। नारीवाद सैद्धान्तिक रूप से जहाँ पुरुषों और स्त्रियों के बीच शक्ति सन्तुलन को बहाल करके मानवीयता का पुनरुद्धार करने के बारे में है, लोकप्रिय संस्कृति में नारीवादी को अक्सर ऐसी स्त्री के रूप में पेश किया जाता है, जो वह सब कर सकती है जिसे पुरुष कर सकता है। इस तरह समाज प्रगति कर सके, इसलिए स्त्रियों को पुरुषों से होड़ बदनी पड़ती है, मुकाबले में उतरना पड़ता है। यह ऐसी दौड़ है, जिसमें पुरुष को नहीं, स्त्री को आगे बढ़ कर बराबरी पर पहुँचना पड़ता है।

सूर्य देव और उनकी पत्नी सरण्यू की लोकप्रिय छवि

नेपाल का सत्रहवीं सदी का मूर्ति-शिल्प : सूर्य अपनी पत्नियों और सारथी के साथ

यह चिन्ता और बेचैनी इस्लाम और ईसाइयत जैसे एकेश्वरवादी धर्मों में देखी जा सकती है, जहाँ ईश्वर निर्विवाद रूप से पुल्लिंग है और जिनमें स्त्रियोचित के लिए कोई जगह नहीं है। हिन्दू पुराकथाओं और कर्म-काण्डों में ईश्वर और देवियों के बीच के सम्बन्ध हमेशा हलचल-भरे और प्रचण्ड रहे हैं। लेकिन ऐसा समय कभी नहीं रहा, जब देवी को खारिज किया गया हो।

वेदों में देवों के बीच लिंग-भेद है और पुरुष की ओर साफ-साफ झुकाव है। पुरुष देवताओं को, जैसे सूर्य, इन्द्र, अग्नि, मरुत, सोम, वरुण और मित्र को, समर्पित ऋचाओं की संख्या पृथ्वी, सरस्वती, उषस, नृत्ति और अरण्यानी जैसे स्त्री देवताओं को समर्पित ऋचाओं की संख्या से कहीं अधिक है। पुरुष देवता धरती से ऊपर आकाश में निवास करते हैं और सांस्कृतिक व्यवस्था से जुड़े हैं, जबकि स्त्री देवता धरती और प्राकृतिक व्यवस्था से सम्बद्ध हैं। आह्वान पुरुष-पूर्वजों (पितरों) और नर सन्तान (पुत्रों) का किया जाता है। लिंग-भेद बिलकुल स्पष्ट है।

उपनिषदों में लेकिन, एक ब्रह्माण्डीय चेतना या ब्रह्मन का विचार देवी-देवताओं से अधिक महत्त्वपूर्ण बन जाता है। ब्रह्माण्डीय चेतना की पहचान आत्मा से, व्यक्ति की चेतना से, की जाती है। ब्रह्माण्डीय चेतना यानी ब्रह्मन और व्यक्तिगत आत्मा, दोनों को निर्गुण कह कर वर्णित किया गया है—निराकार, शरीर के बन्धनों से मुक्त और इसलिए लिंग-रहित। उपनिषदों को वेदान्त भी कहते हैं—वेदों को दुह कर निकाला गया दर्शन।

लेकिन चेतना की सारी चर्चा अभिजनों—ऊँचे लोगों—तक ही सीमित रही। स्थानीय लोगों को अपने ग्राम-देवता पसन्द थे, जो उनकी बुनियादी ज़रूरतें पूरी करते थे : बहादुर रक्षक देवता जो रखवाली का आश्वासन देते थे और उर्वरता की भयानक देवियाँ, जो समृद्धि प्रदान करती थीं। ये वीर और माताएँ, दोनों, शक्ति-सम्पन्न थे। कभी वीर स्नेही माता की सेवा करते। दूसरे अवसरों पर नायक / वीर और माता की सटीक जोड़ी बनती—उनकी शक्तियाँ एक-दूसरे की पूरक होतीं।

पाँचवीं सदी ईसा-पूर्व से बौद्ध धर्म ने इच्छा और कामना पर दिये गये बल

खजुराहो के 12वीं सदी के मन्दिर की दीवार पर लक्ष्मी-विष्णु का प्रस्तर शिल्प

को खारिज करना शुरू कर दिया और गृहस्थों की विश्व-दृष्टि को ठुकरा दिया। उनके आश्रमवादी दृष्टिकोण में आनन्द को निन्दनीय ठहराया जाने लगा। स्वाभाविक रूप से स्त्रियाँ, जो आनन्द और घर-गृहस्थी से जुड़ी थीं 'मार की पुत्रियाँ' बन गयीं; मठ-व्यवस्था के समर्थकों की दृष्टि में मार कामना का दैत्य था। तो भी, स्त्रियों को संघ और मठों के तन्त्र में शामिल किया गया ताकि मनन और तप आदि से वे अगले जन्म में पुरुष शरीर पा सकें और निर्वाण प्राप्त कर सकें।

बौद्ध धर्म और अन्य श्रमण सम्प्रदायों की लोकप्रियता ने हिन्दू धर्म को विवश किया कि वह अपने को पुनर्परिभाषित करे। पुराणों पर आधारित नये हिन्दुत्व ने कामना को, घर-गृहस्थी को और इसलिए स्त्री-पुरुष सम्बन्धों को भारी महत्त्व दिया। इस नये हिन्दुत्व में ईश्वर निराकार न रहा; उसने आकार ग्रहण किया। लेकिन न पुरुष आकार पर बल दिया गया, न स्त्री आकार पर। ईश्वर को पुरुष रूप में देखा गया—शिव ईश्वर थे (स्वामी) और विष्णु भगवान थे (सर्वव्यापी), लेकिन दिव्यता के ये पुरुष आकार अपनी दिव्यता अपनी पूरक देवियों से प्राप्त करते थे। यही कारण है कि दोनों को 'देवियों के पतियों' के रूप में सम्बोधित किया जाता है। शिव उमा-पति हैं और विष्णु लक्ष्मी-वल्लभ। पुरुष देवता संगिनी के नाम के उल्लेख के बाद ही सम्बोधित किये जा सकते हैं; इस तरह शिव उमा-महेश हैं और विष्णु लक्ष्मी-नारायण। देवी यहाँ परिशिष्ट नहीं है, अलग से नहीं जोड़ी गयी है, वह पूरक है।

यह वह समय था जब पूरे संसार में एकेश्वरवादी धर्मों का उदय हो रहा था और रोम के सम्राट और उसके साम्राज्य द्वारा धर्म-परिवर्तन करके ईसाई धर्म में दीक्षित होने के बाद, देवी के सम्प्रदायों और उपासना-समूहों का सफाया किया जा रहा था। ईसाई धर्म में ईश्वर एक पुरुष था और उसका बेटा—संसार का उद्धारक—भी एक आदमी था। ईश्वर की माता मेरी बस एक पवित्र पात्र थी, मरणशील मनुष्य द्वारा अनछुई, इसलिए कुँवारी और माता, लेकिन देवी नहीं। स्त्रियाँ अब पुजारिनें नहीं रह गयीं; जो स्त्रियाँ पुराने दैवी-नियमों और कर्मकाण्डों के प्रति निष्ठावान बनी रहीं, उन्हें डायनें घोषित करके ज़िन्दा जला दिया गया।

इस बीच भारत में स्त्री ने वह फलक प्रदान किया, जिस पर ईश्वर की दिव्यता प्रसारित हुई। यह शिव मन्दिर में देखा जा सकता है। पूजा स्थल पर सबसे प्रमुखता

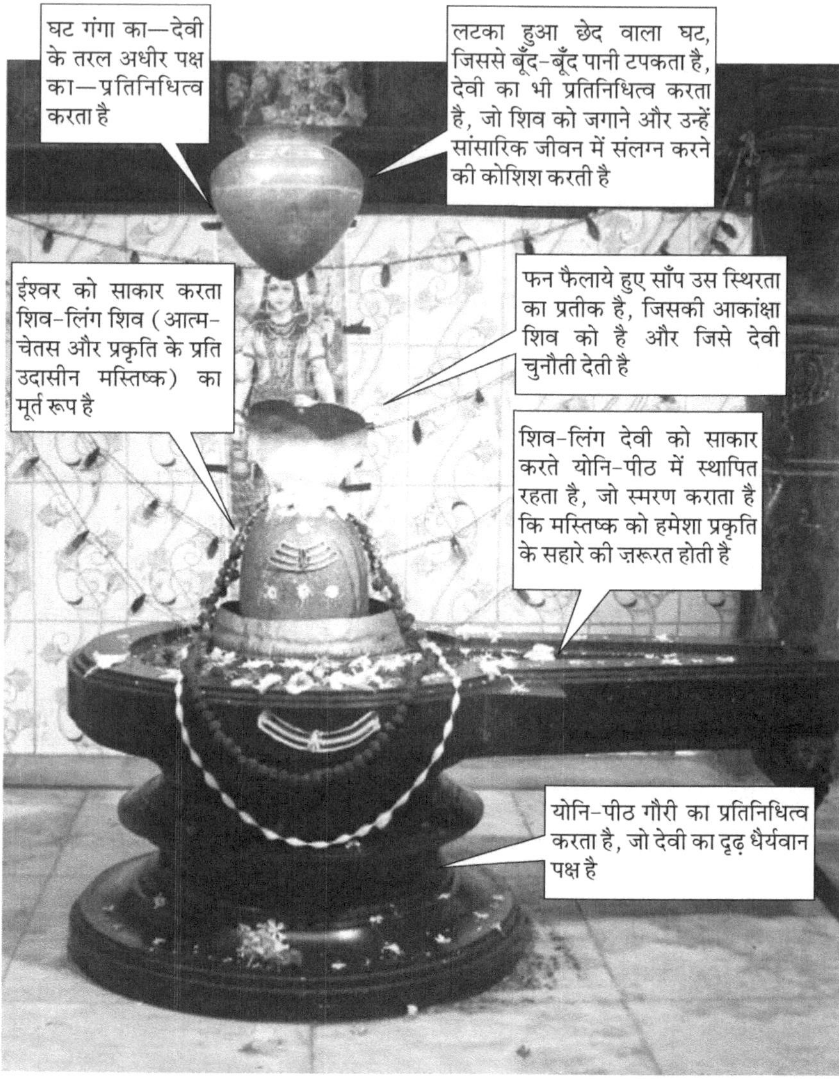

अदृश्य देवी के साथ शिव के आम देवायतन या पूजा-स्थल का फोटो

शिव–लिंग की है, जो शिव का प्रतिनिधित्व करता है। कुछ विद्वान उसे शिश्न के रूप में देखते हैं, लेकिन भक्त उसे एक निराकार दिव्य–स्वरूप के साकार रूप में देखते हैं (जो अलिंग है उसका लिंग)। लिंग को जो अपनी जगह पर बनाये रखती है, वह गौरी (उमा के एक और नाम) का प्रतिनिधित्व करने वाला नीचे का योनि–पीठ है और इसे गीला और सक्रिय रखता है वह ऊपर लटका, छिदा हुआ लोटा, जो गंगा का प्रतिनिधित्व करता है, जो शिव की एक और पत्नी है, कुछ परम्पराओं में गौरी से छोटी। पूजा–स्थल को गर्भ–गृह कहते हैं। किसका गर्भ? निस्सन्देह देवी का। इस तरह शिव एक देवी के अन्दर स्थित हैं और दो देवियों के बीच में हैं, लेकिन दिखते नहीं हैं, क्योंकि मन्दिर उन्हीं से सम्बन्धित है। कुछ लोग इसे पितृसत्ता के रूप में व्याख्यायित करने के पक्ष में हैं : दोनों देवियाँ, शक्ति के श्रेणी–बद्ध ढाँचे में कमतर महत्त्व दे कर (संगिनी?), पृष्ठभूमि में धकेल दी गयी हैं। दूसरे इसे नारीवाद के रूप में परिभाषित करने के पक्ष में हैं : देवी के माध्यम से ही ईश्वर स्थापित हो सकता है। कुछ और भी हैं, जो इसे ज्ञान के रूप में देखते हैं : देवी पीछे हट जाती है, ताकि भक्त सीधे तपस्वी शिव से सम्पर्क करें और उन्हें अपने सांसारिक मामलों में भाग लेने के लिए विवश करें, काफी कुछ जैसे कोई माँ पीछे हट जाती है, ताकि उसका बच्चा अजनबियों से सम्पर्क कर सके।

हिन्दुत्व के इस नये प्रकार में कामना और कामुकता और संसार में लिप्त होने को जो महत्त्व दिया गया, उसे मठ और संघवादी बौद्ध धर्म पर सीधे हमले के रूप में देखा जा सकता है और यह हिन्दू मन्दिरों की दीवारों पर अंकित यौन छवियों और प्रतिमाओं का एक औचित्य हो सकता है। विष्णु स्त्रियों के लिए एक आकर्षक पुरुष (मोहन) हो गये और पुरुषों के लिए एक आकर्षक स्त्री (मोहिनी)। जिस तरह देवी तपस्वी शिव को गृहस्थ बनाती है, उसी तरह वह स्वयं आकर्षक तपस्वी, शंकर सुन्दरेश्वर द्वारा वशीभूत की जाती है।

तमिल मन्दिरों के वृत्तान्तों से हमें मदुरै की मीनाक्षी की कथा मिलती है— तीन छातियों वाली योद्धा राजकुमारी, जो संसार को जीत लेती है, लेकिन जब वह चन्द्रमा–सरीखे रूपवान सोमसुन्दरम को देखती है, जो और कोई नहीं, शिव ही हैं, तो वह अपना पौरुष और अतिरिक्त छाती खो देती है। अपने मन्दिर में मीनाक्षी, एक हाथ में तोते को लिये, शिव की लजीली पत्नी हो सकती है, लेकिन उसकी कमर

मीनाक्षी के विवाह का चित्र तंजोर शैली

मदुरै (तमिलनाडु) की देवी-साम्राज्ञी मीनाक्षी की लोकप्रिय छवि

से लटकती कटार उसके पुराने मुक्त स्वभाव की सूचक है। तमिलों के बीच वह घर, जहाँ स्त्री का वर्चस्व हो, मदुरै (देवी के देवायतन का नगर) कहलाता है और जहाँ पुरुष की प्रधानता हो, उसे चिदम्बरम (ईश्वर के देवायतन का नगर) कहते हैं।

देवी इतनी महत्त्वपूर्ण है कि देवी के बिना ईश्वर की पूजा-उपासना को कड़ाई से हतोत्साहित किया जाता है, जैसा कि भृंगी की कथा से पता चलता है, जो तमिल मन्दिरों के वृत्तान्तों में मिलती है। शिव का परम भक्त भृंगी शिव की परिक्रमा करने के उद्देश्य से कैलाश पर्वत में शिव के निवास पर गया, लेकिन पार्वती ने उसे रोक दिया। 'शिव और मैं पति-पत्नी का एक जोड़ा हैं। तुम मुझे स्वीकार किये बिना सम्पूर्णता में उनकी उपासना नहीं कर सकते इसलिए तुम्हें हम दोनों की परिक्रमा करनी होगी।' लेकिन भृंगी ने सिर्फ शिव की परिक्रमा का संकल्प कर रखा था, पार्वती की परिक्रमा का नहीं। इसे असम्भव बनाने के लिए पार्वती शिव की गोद में उनकी बायीं जंघा पर जा बैठीं। भृंगी ने अपनी परिक्रमा पूरी करने के लिए उनके बीच से निकलने की कोशिश की। तब पार्वती ने अपनी देह को शिव के शरीर से इस तरह मिला दिया कि वे शिव का बायाँ पक्ष बन गयीं। अपनी उपासना में पार्वती को शामिल न करने पर कटिबद्ध, भृंगी ने मधुमक्खी का रूप लिया और शिव के शरीर के दायें और बायें हिस्सों के बीच से छेद करके रास्ता बनाने का प्रयास किया। उसकी उद्दण्डता से खीझ कर पार्वती ने भृंगी को शाप दिया कि वह अपनी देह का वह अंश खो देगा जो स्त्री के डिम्ब से विकसित होता है। तत्काल भृंगी का सारा मांस और रक्त लुप्त हो गया और वह धरती पर गिर पड़ा। अब सिर्फ हड्डियों का ढाँचा रह जाने पर भृंगी ने क्षमा माँगी और देवी की स्तुति की। अन्ततः पार्वती ने दया करके उसे तीसरी टाँग दे दी, जिससे वह सीधा खड़ा हो पाये। लेकिन उसका शरीर अब भी हड्डियों का ढाँचा ही बना रहा, ताकि उसे देवी के महत्त्व का आभास होता रहे।

शिव का अर्द्ध स्त्री वाला रूप—अर्द्धनारीश्वर—ईश्वर और देवी की बराबरी का संकेत तो देता है, पर ऐसा है नहीं। यह अर्द्ध-स्त्री वाला रूप साफ-साफ शिव ही का रूप है। देवी का ऐसा ही कोई अर्द्ध-पुरुष वाला रूप नहीं है। यह तभी समझ में आता है, जब हम मस्तिष्क और प्रकृति के रूप में ईश्वर और देवी के प्रतीकात्मक अर्थ को समझने लगते हैं। प्रकृति के बिना मस्तिष्क का अस्तित्व सम्भव नहीं है,

अर्द्ध-नारी के रूप में शिव का पोस्टर

लेकिन मस्तिष्क के बिना भी प्रकृति का अस्तित्व हो सकता है। इस तरह पुराण एक ऐसा विचार ध्वनित करते हैं, जो विकासवादी जीव-विज्ञानी भी मानते हैं। नज़र आने वाला रूप जहाँ लिंग-भेद के अधीन है, वहीं जो विचार सम्प्रेषित किया जा रहा है, वह लिंग-रहित है। यह निश्चय ही उपनिषद्-वेदान्त के सूक्ष्म विचारों को आम लोगों के बीच कथा शैली में प्रसारित करने का एक प्रयास था। गलत सम्प्रेषण एक वास्तविक जोखिम तो था ही।

पुराण इस बात को भी दोहराते हैं कि सभी पुरुष देवताओं का सार स्त्रैण होता है। लेकिन इसका उलट सच नहीं है। इस तरह जब एक असुर आक्रमण करता है और देवता भाग कर ब्रह्मा के पास जाते हैं, फिर विष्णु के पास और फिर शिव के पास तो उन्हें अपनी आन्तरिक शक्ति को मुक्त करने की सलाह दी जाती है। यह शक्ति स्त्री रूप में बाहर आती है—इन्द्र से इन्द्राणी, विष्णु से वैष्णवी, वराह से वराही, नरसिंह से नरसिंही, कुमार से कुमारी, विनायक से विनायकी। ये सभी मातृकाएँ बन जाती हैं, जो मिल कर असुरों का नाश करती हैं। वे एक-दूसरे में मिल कर दुर्गा भी बनती हैं—सभी देवताओं की परम रक्षक। पुरुष नायकों का अनुकरण करते हुए, दुर्गा युद्ध कर सकती है, लेकिन किसी भी समय वह पुरुष नहीं बनती।

जहाँ अप्सराओं के बारे में यह मालूम था कि वे तपस्वियों को लुभा कर उनकी तपस्या भंग करती थीं, हमें स्वयं विष्णु द्वारा असुरों को ही नहीं, बल्कि शिव को भी लुभाने के लिए मोहिनी नामक स्त्री का रूप धरने की कथाएँ मिलती हैं। इसी से उनका पुत्र भी जन्म लेता है, जिसे अलग-अलग स्थानों पर शास्ता या अयनार कहते हैं।

पाँचवीं शताब्दी ईस्वी तक आते-आते मन्दिरों ने उन राजाओं को वैधता प्रदान करनी शुरू कर दी, जो मन्दिरों का संरक्षण करते थे। बड़े-बड़े मन्दिर-समूह व्यापार, कारीगरी और संस्कृति के केन्द्र बन गये। उनमें गायक, संगीतकार, नट और सबसे महत्त्वपूर्ण यह कि देवदासियाँ रहती थीं, जो कलाओं में पारंगत होती थीं। ये देवदासियाँ पुराने युगों की धर्म-निरपेक्ष गणिकाओं से भिन्न थीं। इन्हें ईश्वर की विवाहिता और सेविका होने के नाते वैधता प्राप्त थी। वे आनन्द प्रदान करती थीं, जैसे ईश्वर का वह दूसरा सेवक—यानी राजा—उन तीर्थ-यात्रियों को सुरक्षा प्रदान करता था, जो इन मन्दिर-नगरियों में जमा होते थे। हमें यह अवधारणा उड़ीसा में

युद्ध के लिए देवी का साथ दे रहे देवताओं के नारी रूपों—मातृकाओं—का लघु चित्र

पार्वती, शिव और मोहिनी का भित्ति-चित्र, कोटक्कल राजमहल, केरल

पुरी, तमिलनाडु में तंजावुर और केरल में तिरुअनन्तपुरम जैसे मन्दिर-नगरों में मिलती है। जब गर्मी चरम पर होती तो पुरी के जगन्नाथ मन्दिर की देवदासियों को इस आशा में तपस्वी बलराम के लिए नाचने को कहा जाता कि उन्हें मोह लेने पर वर्षा हो जायेगी। इस तरह तपस्या को सूखे से और कामुकता को उर्वरता से जोड़ दिया गया। ईश्वर और देवियों का विवाह राज्य की समृद्धि के लिए अनिवार्य माना गया। यही उन बहुत-से मन्दिरों में होने वाले विवाह-समारोहों और त्योहारों का कारण था, जैसे वेंकटेश्वर तिरुपति बालाजी का ब्रह्मोत्सव। जैसे-जैसे सदियाँ बीतीं, बौद्ध धर्म की तुलना में हिन्दुत्व की लोकप्रियता, बहुत हद तक मन्दिरों की ऐन्द्रिक जीवन्तता की ऋणी थी, जो मठों की रूखी-सूखी तपश्चर्या पर भारी पड़ती थी।

सातवीं सदी के बाद से एक नये धर्म—इस्लाम—ने भारत में अपनी जगह बनायी, वह दक्षिण में व्यापार के माध्यम से आया और उत्तर में युद्ध-प्रेमी हमलावरों के माध्यम से। वह एकेश्वरवादी धर्म था, जहाँ ईश्वर पुल्लिंग था, ख़ुदा का रसूल पुरुष था और स्त्रियों की स्पष्ट रूप से चिह्नित गौण स्थिति थी। इस्लाम मूर्ति-पूजा को बुरा मानता था और उसके अनुयायी पूजा-उपासना में गीत-संगीत, नृत्य और रंगमंच के प्रयोग को समझ नहीं पाते थे। जैसे-जैसे ये हमलावर उत्तर और पूर्वी भारत के शासक बनते गये, हिन्दुत्व को एक बार फिर अपने को फिर से परिभाषित और संयोजित करना पड़ा।

आन्तरिक कारणों (मन्दिरों की देवदासियों के अतिरिक्त कामुकता के अस्वीकार) और बाहरी कारणों (इस्लाम का आगमन)—दोनों ही से दसवीं सदी के बाद से हम सभी ऐन्द्रिक और स्त्रियोचित चीज़ों को ठुकराने की प्रवृत्ति देखते हैं। यह मत्स्येन्द्र-नाथ और गोरख-नाथ के शिष्यों—नाथ-जोगियों (संस्कृत योगियों के देसी रूप)—के पदों में प्रकट रूप से नज़र आता है, जो लगातार कामुक तान्त्रिक योगिनियों का मुकाबला करते रहते हैं, जिन्हें अपनी शक्तियाँ यौन-सम्पर्क और सम्भोग से प्राप्त होती हैं।

नाथ-जोगी, मन्दिरों की ऐन्द्रिक संस्कृति से काफी अलग, घुमन्तू तपस्वी थे,

उड़ीसा में 64 योगिनियों का चक्राकार मन्दिर

तान्त्रिक परम्परा से आया वज्र–योगिनी का चित्र

जो ब्रह्मचर्य को अपनी शक्तियों का स्रोत बताते थे। कुछ तो अपने जननांगों को भी नष्ट कर देते थे, ताकि वीर्य उनके शरीर से बाहर न निकले, बल्कि इसके बदले उनके सिर की तरफ ऊपर को उठे। तन्त्र में इसे ऊर्ध्व-रेतस कहा जाता है—वीर्य का ऊपर की ओर प्रवाह, जो ऐसी सिद्धियाँ देता, जिनके बल पर मनुष्य आकाश में उड़ सकते हैं, पानी पर चल सकते हैं, धरती को उर्वरता प्रदान कर सकते हैं और निस्सन्तान लोगों को सन्तान दे सकते हैं। सिद्धियों की प्राप्ति नाथ-जोगियों को सिद्धों में, शक्तिशाली लोगों में बदल देती, जिनके पास सांसारिक ऐन्द्रिक आनन्द पर व्यर्थ ही लगाने के लिए कोई समय नहीं था।

ब्रह्मचर्य के प्रति नाथ-जोगियों की परम्परा का रवैया बौद्ध काल के रवैये से बहुत भिन्न है। बौद्ध परम्परा में वह कामना को जीतने से अधिक सम्बन्ध रखता था। नाथ परम्परा में वह उस सब को ठुकराने से सम्बद्ध हो गया, जो स्त्रियोचित हो। नाथ-जोगी की अति पौरुष-प्रधानता स्त्रियों पर हावी होने, उन पर अधिकार जमाने से नहीं आती थी; वह पूरी तरह स्त्रियों से विमुख हो जाने से आती थी। स्त्रियोचित को इस रूप में देखा जाता कि वह पुरुषों को उनके पौरुष से रहित कर देता है।

मत्स्येन्द्र-नाथ मछली के रूप में जन्मे थे, लेकिन उन्होंने शिव और शक्ति के बीच एक गोपनीय वार्तालाप सुना, जिसमें शिव ने पार्वती के सामने वेदों और तन्त्रों के रहस्य उजागर किये थे। इस ज्ञान ने उन्हें मनुष्य का रूप देते हुए इतनी सिद्धि दे दी कि वे कदली-वन में बिना कोई हानि उठाये प्रवेश कर सकें। वे स्त्रियों के इस क्षेत्र में गये और स्त्रियों से मुग्ध हो कर वापस आने में विफल, वहीं रह गये। उन्हें वहाँ से उनके शिष्य गोरख-नाथ ने बाहर निकाला।

वेदान्त के महान आचार्य शंकर की कहानी में भी ये तत्व मिलते हैं, जब उन्हें मण्डन मिश्र की पत्नी उभय भारती द्वारा काम-कलाओं के बारे में उनके ज्ञान के बारे में चुनौती दी जाती है। चूँकि वे एक ब्रह्मचारी तपस्वी हैं, शंकर को इस बारे में कुछ नहीं पता है; इसलिए वे एक मृत राजा—अमरु—को पुनर्जीवित करते हैं, ठीक उस समय राजा के शरीर में प्रवेश करते हुए, जब उसकी मृत्यु होती है और फिर वे कई महीनों तक महल के अन्त:पुर में रानियों और गणिकाओं के साथ आमोद-प्रमोद करते हुए अनुभव प्राप्त करते हैं। लेकिन मत्स्येन्द्र-नाथ के विपरीत, शंकर शारीरिक सुखों से परास्त नहीं होते और अन्ततः राजा के शरीर को त्याग कर फिर तपस्वी बन

राधा और कृष्ण का लघु चित्र

जाते हैं और इस तरह अपनी देह के ऊपर अपने मन-मस्तिष्क की प्रधानता स्थापित करते हैं।

हिंसक और युद्ध-प्रिय मुस्लिम हमलावरों के साथ फ़ारस से सूफी कहे जाने वाले सन्त-कवि भी आये। उनके साथ आया संगीत और ईश्वर के प्रति आवेग-भरे उत्कट शब्दों में व्यक्त प्रेम का विचार। हिन्दुओं ने इस विचार को अपनाया और इसने भक्ति के आन्दोलन को व्यापक बना दिया।

भक्ति का विचार इस्लाम के उदय से सदियों पहले लिखी गयी 'भगवद गीता' में मिलता है। आलवारों और नयनारों के तमिल पद जो विष्णु और शिव के प्रति भक्ति की बात करते हैं भारत में इस्लाम के आगमन से पहले के हैं। लेकिन यहाँ भक्ति का स्वर समर्पण का है। सूफियों के आगमन ने भक्ति को और प्रेममय बना दिया। उसने भक्ति को क्षेत्रीय साहित्य के माध्यम से व्यक्त करने के प्रयासों को भी प्रोत्साहित किया।

भारतीय कवियों ने ईश्वर के साथ प्रेम-सम्बन्ध के विचार को राधा के विचार के माध्यम से एक और धरातल पर प्रतिष्ठित कर दिया। कृष्ण को हमेशा गोपियों से जोड़ा जाता रहा था, जो उनके लिए तरसती रहती थीं, लेकिन सन्त-कवियों के पदों में कृष्ण भी राधा के लिए तरसते हैं और राधा कृष्ण का ध्यान माँगती और पाती है। अब समर्पण की बात नहीं है; अब बात आपसी लालसा की है। भक्त एक स्त्री, सेविका, सेवक, यहाँ तक कि पत्नी और रानी भी बन जाता है, जिस पर ईश्वर अपना प्रेम न्योछावर करते हैं।

जो लोग प्रेम और ऐन्द्रिकता के साथ सुविधा नहीं महसूस करते थे, वे माता-पिता वाले सम्बन्धों की ओर मुड़ गये। लेकिन माता-पिता की भूमिका हमेशा ईश्वर की नहीं होती थी। भक्त भी इस भूमिका में उतर सकता था : कृष्ण के मामले में यशोदा बन कर और राम के सन्दर्भ में कौशल्या।

भक्ति के अधिकांश आरम्भिक पद विष्णु और शिव की ओर केन्द्रित थे। आगे चल कर भक्ति-गीतों का लक्ष्य देवियाँ भी होने लगीं। बंगाल में श्यामा संगीत और

नारी रूप अपनाते देवता

पंजाब और जम्मू में रात-रात भर शेराँवाली के लिए गाये जाने वाले जगराता के गीत इसके उदाहरण हैं। यहाँ सम्बन्ध कभी प्रेम का नहीं होता। वह हमेशा माता-पिता सम्बन्धी होता है। यहाँ अधिकांशतः देवी माँ के रूप में होती है। कभी-कभी वह पुत्री के रूप में आती है, कुमारी और शक्ति-सम्पन्न, बिरले ही वह नटखट और खिलन्दड़ी होती है। वैवाहिक जीवन से विमुख हो कर भिक्षु बन जाने वाले बारहवीं सदी के वेदान्त शास्त्री रामानुज के विचारों और उपदेशों से गहरा प्रभाव ग्रहण करने वाले श्री वैष्णव सम्प्रदाय में श्री या लक्ष्मी माँ है, जिसके पास भक्त इस विनती के साथ जाता है कि वह कड़े स्वभाव वाले पिता विष्णु को भक्त की विनती पहुँचा दे।

सूफियों के पदों में ईश्वर निश्चित रूप से पुरुष है और पुरुष-भक्त स्त्री-रूप अपनाने से नहीं हिचकता। भक्ति साहित्य में लिंग का यह परिवर्तन ईश्वर को भी समेट लेता है। भक्त के लिए प्रेम पुरुष को स्त्री में और स्त्री को पुरुष में बदल देता है।

तमिलनाडु के त्रिची नामक स्थान में शिव एक दायी का रूप लेते हैं, ताकि एक भक्त के बच्चे के जन्म में मदद कर सकें, जिसकी माँ समय से उसके पास नहीं पहुँच पाती। मथुरा में शिव गोपेश्वर—एक गोपी—का रूप धरते हैं, जो कृष्ण की रास-लीला में उनके साथ हिस्सा लेना चाहती है।

कृष्ण राधा के साथ वस्त्रों की अदला-बदली करते हैं, ताकि यह अनुभव कर सकें कि राधा होने का अनुभव कैसा है। उड़ीसा के मन्दिरों में पायी गयी मूर्तियों में वे स्त्रियों की तरह चोटियाँ बनाने और पायलें पहनने में बुरा नहीं मानते। राजस्थान में अपने नाथद्वारा मन्दिर में वे अपनी माँ और अपनी प्रेमिका की स्मृति में स्त्री-वेश धारण करते हैं, बिना डरे कि ऐसी गतिविधियाँ उनके पौरुष को कम करेंगी।

बंगाल में एक मौखिक परम्परा है कि एक समय आया, जब काली की उग्रता इतनी विकट हो गयी कि पृथ्वी का सन्तुलन भंग होने लगा। काली को रोका जाना ज़रूरी था। इसलिए शिव काली के मार्ग में धरती पर पीठ के बल लेट गये। जैसे ही काली ने उन पर पाँव रखा, वह उनकी सुन्दरता पर इतना रीझ गयी कि उसकी तीव्र गति रुक गयी और उसने उनके ऊपर लेट कर उनके साथ सम्भोग करने की सोची। इससे पृथ्वी का सन्तुलन ठीक हो गया और उसने अपने को पुनर्जीवित कर

उड़ीसा पट्ट शैली में कृष्ण और काली की साझी छवि का चित्र

लिया। लेकिन असुर फिर लौट आये। देवताओं ने काली से विनती की कि वह फिर उन्हें बचाने आये और धरती को असुरों से मुक्त कराये। लेकिन काली प्रेम से इतना भरी हुई थी कि वह दोबारा अपने उग्र रूप में नहीं आ सकी। इसलिए उसे एक और रूप लेना पड़ा—कृष्ण का। स्त्री से वह पुरुष हो गयी। शिव काली से अलग होने के विचार को सह नहीं सके, सो उन्होंने राधा बन कर कृष्ण का अनुसरण करने का फैसला किया। कृष्ण काली जितने ही काले थे, इसलिए राधा शिव जितनी ही गोरी थी। काली शिव के ऊपर बैठी थी, इसलिए कृष्ण ने राधा को अपने ऊपर बैठने दिया। इस तरह उनके लिंग और उनकी अवस्थाएँ क्रमशः उलट गयीं। कृष्ण काली बन गये। शिव राधा बन गये। वे दो नहीं थे, एक थे।

तब, कृष्ण की उपासना करते समय काली को अलग नहीं किया जाता। और राधा को पूजते समय शिव को बाहर नहीं रखा जाता। इस कथा का लिंग-सम्बन्धी लचीलापन वैष्णव, शैव और शाक्त सम्प्रदायों में एकता स्थापित करने का प्रयास करता है। वह शाकाहारी कृष्ण सम्प्रदायों और मांसाहारी काली सम्प्रदायों के बीच आदान-प्रदान और अन्तर-क्रिया का स्थान निर्मित करता है। वह तपस्वी शैव परम्पराओं को कामुक और ऐन्द्रिक राधा परम्पराओं से भी जोड़ता है।

जब बुद्धि होती है तो प्रेम और स्नेह भी होता है। जब स्नेह हो तो अहेरियों और शिकारियों का कोई डर नहीं होता, इसलिए सीमाओं की भी कोई ज़रूरत नहीं रहती। कड़ापन तब लचीलेपन के लिए रास्ता खोल देता है : ईश्वर देवी बन जाते हैं और देवी, ईश्वर।

सोलहवीं सदी में यूरोपीय लोग व्यापारी बन कर भारत आये। अट्ठारहवीं सदी तक पूरे उपमहाद्वीप पर उन्होंने नियन्त्रण स्थापित करके इस देश को करों के साथ-साथ पीछे अपने देश के उद्योगों के लिए कच्चे माल का स्रोत बना लिया था। यूरोपीय लोगों की जड़ें ईसाइयत में थीं और वे खुद को ज्ञान की सन्तान समझते थे, जो वैज्ञानिक स्वभाव और प्रवृत्तियाँ ले कर आये थे। वे हिन्दुओं की हँसी उड़ाते कि वे इतने 'स्त्रैण' क्यों थे और हिन्दू धर्म को देवी पूजा के कारण विधर्मी, मूर्ति-पूजक कहते।

देवियाँ जो पुरुष संगियों के बिना स्वायत्त हैं

हिन्दुओं ने प्रतिक्रिया में अपने को पौरुषपूर्ण बनाना शुरू कर दिया—सारी ऐन्द्रिकता और कामुकता से अपने को दूर करते और 'बाइबल' की मेरी की तरह देवी को उसके कुँवारे और मातृत्व वाले स्वरूप में पुनर्परिभाषित करते हुए। सारी हिन्दू चीज़ें दूषित समझी जाने लगीं। और इसीलिए, देवदासियों की परम्पराओं में सुधार करने की बजाय, सीधे-सीधे उनका सफाया कर दिया गया और सारे गीतों और नृत्यों का शुद्धिकरण कर दिया गया। स्वतन्त्रता सेनानी खुद को ब्रह्मचारी भिक्षुओं के रूप में प्रस्तुत करते, जो भारत माता की सेवा योगियों की तरह करने के लिए कटिबद्ध थे। उन्होंने अपनी छवियों को कला और आनन्द का उपभोग करने वाले रसिकों और भोगियों की तरह प्रस्तुत किये जाने से इनकार कर दिया।

यूरोपीय प्राच्यवादियों का नज़रिया इतना शक्तिशाली था कि वह अब भी आधुनिक राजनैतिक हिन्दुत्व को ग्रसे हुए है, जहाँ नेता विशेष रूप से आदर के पात्र होते हैं, अगर वे ब्रह्मचारी हों। सीता के बिना राम के और गौरी के बिना शिव के चित्र बनाये गये हैं, जिनमें राम और शिव, दोनों का चित्रण हृष्ट-पुष्ट मांसल शरीरों और कठोर भाव-मुद्राओं के साथ और किसी भी तरह की स्त्रियोचित कोमलता से रहित है। रक्षा करने वाली माता दुर्गा, जो शेर की सवारी और युद्ध करती है, पसन्दीदा देवी बन गयी है, कामाक्षी नहीं, जो कामदेव के प्रतीक हाथ में लिये शिव पर बैठती है; न लक्ष्मी, जो अस्थिर और चंचला है।

बीसवीं सदी में अमरीकी शिक्षा संस्थानों का उदय हुआ। इसके दो महत्त्वपूर्ण प्रभाव हुए। एक था प्रोटेस्टेंट ईसाई सम्प्रदाय द्वारा कैथोलिक ईसाई सामन्तवाद का अस्वीकार, भले ही वह अब भी अपने केन्द्र में पुरुष-प्रधान और एकेश्वरवादी बना रहा। दूसरा प्रभाव था वैज्ञानिक चिन्तन, जो आस्था और विश्वास के सभी विषयों को ठुकराता था। उसने एक नव-प्राच्यवादी चश्मे से हिन्दुत्व को न्याय और औचित्य के शीशे से समझाना शुरू किया, जहाँ उसने शोधकर्ता को उद्धारक की भूमिका दे कर शोध के विषय को या तो खलनायक या फिर उत्पीड़ित की स्थिति में रख दिया। अचानक 'रामायण' और 'महाभारत' पितृवादी महाकाव्य बन गये। विभिन्न 'रामायणों' में समानताओं की बजाय जो अन्तर थे, उन पर अधिक महत्त्व दिया जाने लगा। भक्तों के राम अब करुणामय देवता नहीं, बल्कि कठोर साम्राज्यवादी, पत्नी को प्रताड़ित करने वाले खलनायक बन गये और सीता अपनी देवी की प्रतिष्ठा से रहित हो कर,

पश्चिमी और भारतीय नज़रिये में अन्तर

उनकी बिसूरने वाली मौन उत्पीड़िता बन गयी। यह व्याख्या पुष्ट हुई, जब राम हिन्दू कट्टरतावाद के प्रतीक-पुरुष बन गये। शिव को नियम-भंजक के रूप में सराहा गया, जो उद्दाम काली को अपनी छाती पर खड़े होने की छूट देते हैं और विष्णु पर अरुचि प्रकट की गयी, क्योंकि वे लक्ष्मी को एक अधीनस्थ सेविका-संगिनी बना देते हैं, जो उनके पैर दबाती है। पश्चिमी विचारधाराओं और साँचों में ढला यह शाब्दिक और कुछ-कुछ आदिम अविकसित पाठ अब भी उन युवा छात्रों पर काफी प्रभाव डालता रहता है, जो मानविकी और उदारचेता कलाओं में आगे के अध्ययन के लिए अमरीकी विश्वविद्यालयों में जाते हैं। यह पश्चिमी कल्पना को पुष्ट करता है कि भारत में उद्धार के योग्य कुछ भी नहीं है; बुनियादी तौर पर सब गड्ड-मड्ड है, जहाँ व्यवस्था बाहर से लायी जानी है; उसकी बहुत-सी श्रेणियों की जगह बराबरी और समानता को स्थापित करना है; और उसे पश्चिमी शैली की क्रान्ति की बहुत ज़रूरत है।

देवी मुस्कराती है, उसके मुख पर एक स्मिति आती है। होड़ बदना और अधिकार जमाना पशु की प्रकृति है। युवा सिंहों की तरह, जो बूढ़े सिंहों को चुनौती देते हैं, कुत्तों की तरह, जो अजनबियों पर भौंकते हैं, हर समाज अपेक्षाकृत पुरानी परायी संस्कृतियों का उपहास करता है। विवेक और विज्ञान के मुलम्मे के बावजूद, पश्चिम इससे अलग नहीं है। और पशुओं की तरह, जो अपने को दर्पण में पहचान नहीं पाते, समाज अक्सर अपने को उस रूप में देखने में विफल रहते हैं, जैसे दूसरे उन्हें देखते हैं। जब वे उन्मादी देश-प्रेम के शिकंजे में होते हैं तो भारत भी भिन्न नहीं रहता।

विट्ठई का प्रश्न है : देवताओं के नारी-रूपी और पुरुषों के स्त्रैण होने में क्या गलत है? स्त्रियाँ पुरुषों की तरह क्यों हों? ऐसी दौड़ क्यों हो, जिसमें किसी को जीतना हो? लोग अपने स्वाभाविक रूप में क्यों नहीं रह सकते? मनुष्य की प्रकृति ऐसे नियमों से पालतू नहीं बनायी जा सकती, जो न्याय और समानता को लादें। ऐसे नियम मानवता के अन्दर के पशु को दबाने और अन्ततः पलट-वार करने, उन्हीं नियमों को चुनौती देने और भंग करने के लिए उकसायेंगे। क्योंकि जो समानता स्थापित करने के उपकरण के रूप में शुरू करता है, वह अनिवार्य रूप से नयी श्रेणियाँ बनाने वाले उपकरण के रूप में बदल जाता है।

बंगाल में जगद्धात्री की मिट्टी की प्रतिमा

देवी ने यह सब पहले भी देखा है और वह इसे फिर देखेगी। जब तक ब्रह्मा प्रकृति को नियन्त्रित करने के प्रयास करते रहेंगे, वे शिव द्वारा अपना सिर कटवाते रहेंगे। जब तक इन्द्र विश्वास करेंगे कि लक्ष्मी पर उनका अधिकार है, वे अचरज करते रहेंगे कि वह विष्णु की ओर क्यों आकर्षित है।

सवाल हमारे बाहर की देवी को वश में करने, घरेलू बनाने का नहीं है; सवाल अपने अन्दर के देवता को जगाने का है। यह न्यायपूर्ण और उचित होने के बारे में, एक ईश्वर या एक सत्य की वैधता सिद्ध करने के बारे में नहीं है; यह मस्तिष्क को इतना व्यापक और विस्तृत बनाने के बारे में है कि हम प्रेमपूर्वक अनेक सत्यों को शामिल कर सकें। और यह तभी हो सकता है, जब हम उस विचार को आत्मसात करें, जो देवी है, इसलिए ईश्वर है, लिंग-भेद के बिना।

देवी के प्रतीकों के अर्थ

लक्ष्मी के पदचिह्न जो जिस दिशा में संकेत करते हैं उसी दिशा में सौभाग्य लाते हैं।

नीचे को संकेत करता त्रिकोण देवी के गर्भ को संकेतित करता है जो स्वयं प्रकृति है और सारे जीव-जगत को अपने में समोये रखती है।

चित लेटी अवस्था में उर्वरता को जगाता लज्जा-गौरी (?) का रेखा-चित्र जो बंगाल में लोकप्रिय है।

आभार

मैं उन सब का आभार प्रकट करना चाहता हूँ, जिन्होंने इस पुस्तक की रचना में सहयोग दिया, जिनमें शामिल हैं—

- सत्य बैनर्जी जिन्होंने मुझे देवी की छवियों के अपने विशाल संग्रह को देखने और उन्हें इस्तेमाल करने की अनुमति दी।
- अयन चौधरी जिन्होंने दुर्गा का फोटो उपलब्ध कराया।
- प्रमोद कुमार के. जी. जिन्होंने अपने पुस्तकालय से मुझे दुर्लभ छवियाँ उपलब्ध करायीं।
- धैवत छाया और स्वप्निल सकपाल जिन्होंने पुस्तक की अभिकल्पना और रूपांकन और उसके कलापक्ष में सहयोग दिया।

❑❑❑

चर्चित लेखक देवदत्त पट्टनायक की बैस्टसैलर पुस्तक '7 Secrets Of Shiva' का हिन्दी अनुवाद

शिव के सात रहस्य

देवदत्त पट्टनायक

हिन्दुओं के अनगिनत देवी-देवताओं में से शिव सबसे अधिक लोकप्रिय हैं। महादेव के नाम से भी जाने जानेवाले शिव, विष्णु और ब्रह्मा के साथ हिन्दू देवताओं के त्रिमूर्ति माने जाते हैं। शिव के अनेक रूप हैं : कहीं तो वह कैलाश पर्वत की बर्फ़ीली चोटी पर बैठे अपने पर नियंत्रण रखनेवाले एक ब्रह्मचारी योगी हैं जो दुनिया का विनाश करने की क्षमता रखते हैं तो दूसरी ओर अपनी पत्नी और पुत्रों के साथ गृहस्थ आश्रम का आनन्द भोगते हुए गृहस्थी हैं। इनमें से कौन-सा है शिव का वास्तविक रूप? माथे पर तीसरी आँख, गर्दन में सर्प, शीश पर अर्द्धचन्द्र, केशों से बहती गंगा और हाथों में त्रिशूल और डमरू—इन सब प्रतीकों का क्या अर्थ है? शिव के अनेक रूप और प्रतीकों के पीछे छिपे हैं हमारे पौराणिक अतीत के अनेक रहस्य जिनमें से सात को समझने का प्रयास इस पुस्तक में किया गया है।

ISBN: 978-93-5064-239-9
पृष्ठ: 232

सभी प्रमुख पुस्तक विक्रेताओं पर उपलब्ध या
इस वेबसाइट से मंगवाएं
www.rajpalpublishing.com

चर्चित लेखक देवदत्त पट्टनायक की बैस्टसैलर पुस्तक 'Shikhandi and other tales they don't tell you' का हिन्दी अनुवाद

शिखण्डी

और कुछ अनसुनी कहानियाँ

देवदत्त पट्टनायक

असामान्य यौनप्रवृत्ति कोई आधुनिक या पश्चिमी बात नहीं है। दो हज़ार वर्षों से भी पुरानी हिन्दुत्व की विशाल मौखिक और लिखित परम्पराओं में असामान्य यौनप्रवृत्ति की कई कथाएँ और उदाहरण पाए जाते हैं, जैसे महाभारत में शिखण्डी जो अपनी पत्नी को सन्तुष्ट करने के लिए पुरुष बना; या फिर महादेव जो इसलिए स्त्री बने ताकि अपने भक्त के बच्चे को जन्म दे सकें; या चूडाला जो अपने पति को ज्ञान देने के लिए पुरुष बनी—ये और ऐसी अनेक कथाएँ इस पुस्तक में प्रस्तुत हैं। दिलचस्प और हृदयस्पर्शी, यहाँ तक कि उद्विग्नता पैदा करने वाली, ये कथाएँ इस बात की साक्षी हैं कि हमारे देश में असामान्य यौनप्रवृत्ति की कितनी पुरानी परम्परा है।

ISBN: 978-93-5064-289-4
पृष्ठ: 265